Sandra Lee

Aliments réconfortants

Bifteck frit style poulet avec sauce à la mode du Sud, *page 188*

Éditeur : François Doucet
Traduction : Patricia Guekjian
Révision linguistique : Isabelle Veillette
Photographie de la couverture et autres photos de l'auteure : Ed Ouellette
Correction d'épreuves : Katherine Lacombe, Suzanne Turcotte
Montage de la couverture : Tho Quan
Mise en pages : Sylvie Valois

ISBN papier : 978-2-89667-566-1
ISBN ePub : 978-2-89683-327-6
ISBN PDF : 978-2-89683-326-9
Première impression : 2012
Dépôt légal : 2012
Bibliothèque et Archives nationales du Québec
Bibliothèque Nationale du Canada

Éditions AdA Inc.
1385, boul. Lionel-Boulet
Varennes, Québec, Canada, J3X 1P7
Téléphone : 450-929-0296
Télécopieur : 450-929-0220
www.ada-inc.com
info@ada-inc.com

Diffusion
Canada :   Éditions AdA Inc.
France :   D.G. Diffusion
                Z.I. des Bogues
                31750 Escalquens — France
                Téléphone : 05.61.00.09.99
Suisse :   Transat — 23.42.77.40
Belgique :   D.G. Diffusion — 05.61.00.09.99

Imprimé en Chine

Participation de la SODEC.
Nous reconnaissons l'aide financière du gouvernement du Canada par l'entremise du Programme d'aide au développement de l'industrie de l'édition (PADIÉ) pour nos activités d'édition.
Gouvernement du Québec — Programme de crédit d'impôt pour l'édition de livres — Gestion SODEC.

Catalogage avant publication de Bibliothèque et Archives nationales du Québec et Bibliothèque et Archives Canada

Lee, Sandra, 1966-
      Aliments réconfortants : 149 favoris ravigotants, des classiques pour tous les jours
      Traduction de : Semi-homemade Comfort Food.
      ISBN 978-2-89667-566-1
      1. Cuisine rapide. 2. Aliments réconfortants. 3. Cuisine économique. I. Titre.
TX833.5.L4314 2012   641.5'55   C2011-942783-4

Table des matières

Chapitre 1

Collations et
hors-d'œuvre
12

Chapitre 3

Ragoûts et chilis
58

Chapitre 2

Combinaisons soupe
et sandwich
32

Chapitre 4

Accompagnements
80

Quelque chose de spécial en portions simples

« Rien ne dit amour comme les aliments réconfortants — et c'est ce qui fait tourner le monde. » — Sandra Lee

Biscuits « snickerdoodle »
à la mélasse, *page 10*

Les aliments réconfortants, c'est comme de l'amour dans votre assiette — et un peu de confort peut en faire beaucoup pour rendre la vie meilleure. Votre aliment réconfortant préféré est peut-être un bol de chili bien chaud que vous mangez bien emmitouflé dans une couette en écoutant un film. C'est peut-être de la dinde avec sa farce, ou un bon souper de rôti avec des pommes de terre en purée couvertes d'une onctueuse sauce brune. Peut-être est-ce un sandwich grillé au fromage dégoulinant et au bacon croustillant accompagné d'un bol de soupe aux tomates crémeuse. Ce sont tous des aliments ravigotants, et parfois, ils sont exactement ce qu'il fallait.

Lorsque je suis très excitée par ce que je vais manger, particulièrement quand il s'agit d'une sucrerie comme un biscuit « snickerdoodle » ou une barre décadente au caramel et aux pacanes, je ferme les yeux en prenant la première bouchée pour que tous mes sens se concentrent sur le goût et la texture qui remplissent ma bouche. Fermez les yeux et imaginez votre aliment réconfortant préféré, ensuite, feuilletez ces pages et trouvez la meilleure recette pour créer votre fantasme alimentaire. Choisissez celles qui combleront autant votre âme que votre appétit.

Chacune de ces recettes a été créée pour votre confort et votre bonheur. Chaque journée de chaque saison est parfaite pour un aliment réconfortant, car rien ne dit amour comme les aliments réconfortants — et c'est ce qui fait tourner le monde.

Je lève mon verre à un foyer heureux et en santé,

Sandra Lee

Barres décadentes au caramel et aux pacanes

Enduit antiadhésif à saveur de beurre
24 biscuits sablés aux pacanes
2 bâtons (250 ml [1 tasse]) de beurre
310 ml (1¼ tasse) de cassonade foncée tassée
80 ml (⅓ tasse) de sirop de maïs incolore
30 ml (2 c. à soupe) de crème à fouetter
500 ml (2 tasses) de pacanes, hachées
5 ml (1 c. à thé) de vanille

1. Préchauffer le four à 180 °C (350 °F). Vaporiser un moule à cuisson de 23 cm (9 po) d'enduit antiadhésif. Mettre les biscuits sablés dans le robot culinaire. Couvrir et réduire en miettes fines par pulsations. Couper 125 ml (½ tasse) de beurre en petits morceaux. Ajouter les morceaux de beurre aux miettes dans le robot culinaire. Couvrir et actionner par pulsations jusqu'à ce que le tout commence à s'agglomérer. Presser le mélange de miettes dans le fond du moule à cuisson préparé. Faire cuire dans le four préchauffé pendant 15 minutes. Laisser refroidir dans le moule sur une grille.
2. Dans une casserole moyenne, combiner les 125 ml (½ tasse) restants de beurre, la cassonade, le sirop de maïs et la crème à fouetter. Cuire à feu moyen-vif en remuant, jusqu'à ce que le mélange bouille. Faire bouillir 1 minute. Retirer de la chaleur. Incorporer les pacanes et la vanille. Verser le mélange de pacanes sur la croûte aux sablés refroidie. Cuire dans le four préchauffé environ 20 minutes, ou jusqu'à ce que le mélange bouillonne. Laisser refroidir dans le moule sur une grille. Couper en barres.

Cocktails réconfortants
À la fin d'une journée bien remplie, quel plaisir que de siroter une boisson pendant que le repas cuit, ou de se laisser tenter après le souper, en guise de dessert. Qu'elle soit fraîche ou chaude, ça aide toujours à se détendre.

Cocktails froids

Gin velouté : Dans un grand verre à cocktail, combiner 4 glaçons, 80 ml (⅓ tasse) de gin, 60 ml (¼ tasse) chacun de nectar de goyave, de jus d'ananas, de jus d'orange et de soda Club froid. Remuer ; servir immédiatement. Donne 1 portion.

Martini à la pomme surette : Dans un coquetelier, combiner 4 glaçons, 45 ml (3 c. à soupe) de mélange à cocktail à la pomme surette, 45 ml (3 c. à soupe) de vodka et 30 ml (2 c. à soupe) de vermouth sucré. Couvrir et secouer 15 secondes. Filtrer dans un verre à martini et garnir d'une tranche de pomme. Donne 1 portion.

Punch au champagne : Dans un grand bol à punch ou un pichet, mélanger 1 boîte de 600 ml (20 oz) d'ananas broyés dans du sirop épais, 250 ml (1 tasse) de jus de citron frais, 250 ml (1 tasse) de jus de cerises au maraquin, 250 ml (1 tasse) de rhum foncé et 125 ml (½ tasse) de brandy. Réfrigérer pendant 30 minutes. Juste avant de servir, ajouter une bouteille de 750 ml (3 tasses) de champagne. Donne 6 portions.

Rhum Cubana : Dans un coquetelier, combiner 80 ml (⅓ tasse) de nectar d'abricots, 60 ml (¼ tasse) chacun de jus de lime frais, de brandy aux abricots et de rhum léger, et 4 glaçons. Couvrir et secouer 15 secondes. Filtrer dans un verre. Donne 1 portion.

Cocktails chauds

Café à l'orange : Dans une mijoteuse de 4 l (16 tasses), combiner 1,5 l (6 tasses) d'eau, 165 ml (⅔ tasse) de sucre, 125 ml (½ tasse) de liqueur de chocolat, 125 ml (½ tasse) de liqueur d'orange, 90 ml (6 c. à soupe) de cristaux de café soluble, 30 ml (2 c. à soupe) de poudre de cacao non sucrée. Couvrir et cuire à basse température de 2 à 3 heures. Incorporer 500 ml (2 tasses) de crème 11,5 % M.G. Régler la mijoteuse à la position « réchaud ». Incorporer 5 ml (1 c. à thé) d'extrait d'orange à un contenant de 250 g (8 oz) de garniture fouettée. Saupoudrer de poudre de cacao et de copeaux d'écorce d'orange. Donne 8 portions.

Cidre aux pêches et aux abricots : Dans une mijoteuse de 4 l (16 tasses), combiner 2 boîtes de 345 ml (11,5 oz) de nectar de pêche, 2 boîtes de 345 ml (11,5 oz) de nectar d'abricots, 1 sac de 375 ml (12 oz) de tranches de pêches congelées, 750 ml (3 tasses) d'eau, 250 ml (1 tasse) de cassonade, 250 ml (1 tasse) de bourbon, 125 ml (½ tasse) de jus de citron, 5 ml (1 c. à thé) de

piment de la Jamaïque moulu et 2 bâtons de cannelle. Couvrir ; réchauffer à faible intensité pendant 2 heures. Jeter les bâtons de cannelle. Régler à température « réchaud ». Servir accompagné de bâtons de cannelle additionnels. Donne 12 portions.

Jus d'ananas épicé chaud : Fabriquer un sac d'épices contenant 2 bâtons de cannelle cassés, 1,25 ml (¼ c. à thé) de clous de girofle entiers et 15 ml (1 c. à soupe) d'écorce d'orange râpée. Dans une casserole, combiner 1,25 l (5 tasses) de jus d'ananas et le sac d'épices. Laisser mijoter à feu moyen-doux pendant 20 minutes. Incorporer 30 ml (1 oz) de rhum épicé par portion (facultatif). Garnir d'un bâton de cannelle et d'un morceau d'ananas. Donne 4 portions.

Café mexicain : Préparer 1 l (4 tasses) de café, en ajoutant 15 ml (1 c. à soupe) de poudre de cacao non sucrée et 2,5 ml (½ c. à thé) de cannelle moulue aux grains de

café moulus dans le filtre. Sucrer au goût. Garnir chaque portion de crème fouettée et saupoudrer de cannelle. Ajouter 30 ml (1 oz) de liqueur d'orange et 30 ml (1 oz) de tequila à chaque grande tasse avant de servir (facultatif). Donne 4 portions.

Chocolat chaud triplement riche : Dans un bol, mélanger 135 ml (9 c. à soupe) de mélange à chocolat chaud et 60 ml (4 c. à soupe) de fécule de maïs. Ajouter 125 ml (½ tasse) de lait faible en gras, 10 ml (2 c. à thé) de vanille et 30 ml (2 c. à soupe) de beurre ramolli. Remuer pour obtenir une pâte. Dans une casserole, porter 1 l (4 tasses) de lait faible en gras à ébullition. Incorporer la pâte en fouettant et remuer jusqu'à ce que le mélange épaississe. Verser dans 4 grandes tasses. Ajouter 30 ml (1 oz) de Baileys l'original, boisson à la crème irlandaise, à chaque grande tasse (facultatif). Garnir de crème fouettée. Donne 4 portions.

Les aliments réconfortants secrets de Sandra

Casse-croûte délectables

Soupe au poulet avec won ton et sandwich au thon crémeux : Dans une grande casserole, combiner 2 l (8 tasses) de bouillon de poulet, 5 ml (1 c. à thé) de cassonade, du gingembre frais, au goût, des flocons de piment rouge, au goût, 15 ml (1 c. à soupe) de jus de lime, 15 ml (1 c. à soupe) d'ail émincé et 45 ml (3 c. à soupe) de sauce soya. Porter à ébullition à feu vif. Bouillir pendant 5 minutes. Ajouter des pois mange-tout, des shiitakes tranchés, de la coriandre hachée, au goût, et 1 sac de 390 g (13 oz) de mini raviolis au fromage. Ramener à ébullition ; réduire à feu moyen et laisser mijoter 5 minutes. Servir avec des sandwichs au thon garnis de tranches de tomate et de laitue beurre. Donne 6 portions.

Sandwich grillé au fromage et au bacon croustillant et soupe aux tomates : Déposer 1 tranche de fromage cheddar ou américain sur une tranche de pain. Couper 2 tranches de bacon en moitiés et les placer sur le fromage. Garnir de 1 autre tranche du même fromage ou de fromage Pepper jack. Tartiner l'extérieur du sandwich de beurre. Griller dans une poêle jusqu'à ce qu'il soit bien doré, en retournant 1 fois. Servir avec la soupe aux tomates garnie de croûtons et de crème sure aux fines herbes. Donne 1 portion.

Casserole aux pommes de terre rissolées et à la crème sure : J'adore servir ce mets comme trempette. Vaporiser un plat de 23 x 33 cm (9 x 13 po) allant au four d'enduit antiadhésif. Verser 1 sac de 900 g (30 oz) de pommes de terre rissolées dans le plat. Mélanger avec 375 ml (1½ tasse) de fromage cheddar râpé. Dans un bol, combiner 1 boîte de 425 ml (14 oz) de crème de céleri, 60 ml (4 c. à soupe) de beurre fondu, 500 ml (2 tasses) de crème sure et 1 oignon haché. Verser sur les pommes de terre rissolées. Recouvrir de 250 ml (1 tasse) de fromage cheddar râpé. Saupoudrer 30 ml (1 c. à soupe) d'assaisonnement à taco sur le fromage. Cuire à 180 °C (350 °F) pendant 40 minutes, ou jusqu'à ce que le tout bouillonne. Donne 8 portions (comme casserole).

Repas principaux

Poulet frit au babeurre de grand-maman Dicie avec pommes de terre en purée et sauce au lait : Dans un grand bol, combiner 15 ml (1 c. à soupe) d'assaisonnement à l'italienne séché, sel et poivre, 1 oignon tranché et 1 l (4 tasses) de babeurre. Mariner 1 poulet coupé au réfrigérateur dans le mélange au babeurre placé dans un grand sac de plastique refermable, pendant 8 heures. Dans un bol peu profond, combiner 1 l (4 tasses) de farine, 15 ml (1 c. à soupe) d'assaisonnement Old Bay^MD, du sel et du poivre. Dans une grande poêle à fond épais, faire chauffer 125 ml (½ tasse) d'huile végétale à feu moyen. Pendant que l'huile réchauffe, retirer un morceau de poulet de la marinade ; le secouer pour en retirer l'excédent. Tremper dans la farine et déposer sur un plateau. Répéter avec le reste du poulet. Lorsque l'huile est chaude, frire le poulet dans la poêle, à découvert, 15 minutes, en le retournant pour le brunir uniformément. Baisser le feu ; couvrir la poêle et cuire 5 à 10 minutes de plus, jusqu'à ce que le poulet soit cuit. Placer le poulet sur une grille déposée sur une plaque à pâtisserie et mettre dans un four tiède. Servir avec des pommes de terre en purée chaudes et de la sauce en sachet telle que le mélange pour sauce campagnarde McCormick^MD, préparée selon les directives sur l'emballage, en remplaçant la moitié de l'eau par du lait. Assaisonner avec beaucoup de poivre noir, au goût. Donne de 4 à 6 portions.

Lasagne doublement cuite : Faire décongeler au réfrigérateur 1 lasagne congelée de 1,14 kg (38 oz), telle que la lasagne italienne Stouffer's^MD. Retirer la couche supérieure et réserver. Parsemer sur le dessus 375 ml (1½ tasse) de mélange italien de fromages râpés et 2 saucisses italiennes cuites et défaites. Replacer la couche supérieure. Cuire à 180 °C (350 °F) pendant 25 minutes. Donne 6 portions.

Réconforts rapides : Lorsque votre garde-manger est bien approvisionné d'aliments de base comme du jambon, de la poitrine de dinde, des pommes de terre en purée congelées, des mélanges d'assaisonnement et des mélanges pour casseroles, vous n'êtes qu'à quelques minutes d'un repas simple et rassasiant.

Génie au four

Brownies chauds au chocolat et au café : Préparer un mélange pour brownies ; y ajouter 5 ml (1 c. à thé) de vanille, 30 ml (2 c. à soupe) d'expresso soluble et utiliser un restant de café pour le liquide. Pour une version adulte, arroser les brownies chauds de quelques cuillérées de Kahlúa^{MD} juste avant de servir. Couper en 12 morceaux. Garnir de crème glacée au café. Donne 12 portions.

Biscuits « snickerdoodle » à la mélasse : Dans un grand bol, mélanger 1 sac de 525 g (17,5 oz) de mélange à biscuit au sucre, 125 ml (½ tasse) de farine, 60 ml (¼ tasse) de cassonade tassée, 10 ml (2 c. à thé) d'épices pour tarte à la citrouille, 7,5 ml (1½ c. à thé) de gingembre moulu, 1,25 ml (¼ c. à thé) de clou de girofle moulu et 1,25 ml (¼ c. à thé) de poivre noir moulu. Ajouter 125 ml (½ tasse) de beurre fondu, 1 œuf et 30 ml (2 c. à soupe) de mélasse. Mélanger jusqu'à ce qu'une pâte ferme se forme. Combiner 60 ml (¼ tasse) de sucre et 15 ml (1 c. à soupe) de cannelle. Rouler 15 ml (1 c. à soupe) de pâte en boule. Rouler la boule dans le mélange de sucre. Placer à des intervalles de 5 cm (2 po) sur des plaques à biscuits. Aplatir les biscuits avec le dessous d'un verre. Cuire de 14 à 16 minutes à 190 °C (375 °F), jusqu'à ce que les bords soient dorés. Refroidir sur une plaque à pâtisserie pendant 5 minutes.

Crêpes au pain d'épice : Dans un bol, combiner 375 ml (1½ tasse) de mélange à pain d'épice, 125 ml (½ tasse) de farine, 2 œufs, 10 ml (2 c. à thé) de vanille et 250 ml (1 tasse) d'eau. Laisser reposer 30 minutes. Chauffer une poêle à feu moyen et ajouter un peu de beurre. Lorsque le beurre est fondu, verser 60 ml (¼ tasse) de pâte dans la poêle pour chaque crêpe. Lorsque les crêpes sont recouvertes de bulles, les retourner et cuire 30 secondes de plus. Garnir de crème glacée au caramel et aux pacanes et de sirop d'érable. Donne 18 crêpes de 7,5 cm (3 po).

Coupe glacée aux pâtisseries chaudes Pop-Tarts^{MD} aux fraises : Faites griller les pâtisseries Pop-Tarts aux fraises dans le grille-pain. Pendant que les pâtisseries grillent, incorporer 5 ml (1 c. à thé) de vanille à 500 ml (2 tasses) de fraises sucrées tranchées décongelées. Briser les pâtisseries chaudes en morceaux. Recouvrir deux assiettes ou bols à coupe glacée des morceaux. Garnir de crème glacée à la vanille, de fraises et de garniture fouettée.

Doux réconfortants

Il y a un brin de vérité à l'expression disant qu'un contenant de crème glacée peut guérir une peine de cœur (eh bien, peut-être pas guérir, mais rendre les malheureux moins tristes). Une petite sucrerie fait toujours sourire.

Crème glacée incroyable

Fouetté à la crème glacée avec friandise 100 Grand^{MD} : À l'aide d'un couteau tranchant, couper en morceaux 2 barres de chocolat et caramel de type 100 Grand^{MD} de 45 g (1,5 oz) chacune. Placer dans un petit sac en plastique et congeler au moins 2 heures. Dans le contenant d'un mélangeur, combiner les morceaux de friandise congelée, 720 g (24 oz) de crème glacée à la vanille et 125 ml (½ tasse) de lait froid. Mélanger à vitesse élevée environ 30 secondes, où jusqu'à ce que le tout soit bien mélangé. Verser dans 2 verres de 375 ml (12 oz). Arroser d'un filet de sirop au chocolat. Donne 2 portions.

Collations et hors-d'œuvre

Les « petits mets » que vous dégustez afin de stimuler votre appétit pour le restant du repas peuvent être les plus réconfortants, car ils viennent à la rescousse quand vous avez le plus faim. Ces délicieuses bouchées comprennent les champignons farcis, la fondue au fromage et de savoureuses pâtisseries (qui n'aime pas ça?). Servez-les comme collation entre les repas, au début du repas comme hors-d'œuvre — ou tout simplement quand vous avez envie d'une collation délectable.

Bifteck au poivre sur brochette

Préparation 20 minutes   **Mariner** 2 à 3 heures   **Griller** 4 minutes   **Donne** 4 portions

BŒUF ET MARINADE

570 g (1¼ lb) de bifteck de surlonge de bœuf désossé

5 ml (1 c. à thé) de mélange de poivre assaisonné, de type McCormickMD

5 ml (1 c. à thé) de sel à l'ail, de type Club HouseMD

125 ml (½ tasse) d'huile d'olive extra vierge

125 ml (½ tasse) de concentré de jus d'orange congelé, décongelé, de type Minute MaidMD

125 ml (½ tasse) de jus d'ananas, de type DoleMD

15 ml (1 c. à soupe) de sauce soya réduite en sodium, de type KikkomanMD

5 ml (1 c. à thé) de moutarde moulue à la meule, de type InglehofferMD

SAUCE CHILI À L'ORANGE

125 ml (½ tasse) de sauce chili, de type HeinzMD

125 ml (½ tasse) de marmelade à l'orange, de type SmuckersMD

10 ml (2 c. à thé) de sauce Worcestershire, de type Lea & PerrinsMD

1. Assaisonner le bœuf du mélange de poivre et du sel à l'ail. Trancher le bœuf à travers le grain en tranches de 0,6 cm (¼ po) d'épaisseur. Réserver.

2. Pour la marinade, combiner l'huile d'olive, le concentré de jus d'orange, le jus d'ananas, la sauce soya et la moutarde dans un grand sac en plastique refermable. Ajouter les lanières de bœuf au sac. Retirer l'air et sceller. Secouer le sac pour bien répartir la marinade. Mariner au réfrigérateur de 2 à 3 heures.

3. Pour la sauce chili à l'orange, combiner la sauce chili, la marmelade et la sauce Worcestershire dans une petite casserole, et remuer pour bien mélanger. Laisser mijoter à feu moyen jusqu'à ce que la marmelade se dissolve. Réserver.

4. Préparer le gril pour une cuisson directe à feu vif. Retirer les lanières de bœuf de la marinade et la jeter. Enfiler le bœuf comme un accordéon sur les brochettes en bois. Déposer les brochettes sur le gril chaud. Cuire de 2 à 3 minutes par côté. Servir les brochettes de bifteck chaud avec la sauce chili à l'orange en accompagnement.

Galettes de porc au miel

Du début à la fin 30 minutes   **Donne** 16 portions

450 g (1 lb) de saucisse de porc haché, de type Jimmy Dean^{MD}

15 ml (1 c. à soupe) de thym frais, haché

5 ml (1 c. à thé) d'ail broyé en bouteille, de type Club House^{MD}

5 ml (1 c. à thé) de sel

1,25 ml (¼ c. à thé) de poivre noir moulu

1 sachet (environ 190 ml [¾ tasse]) de mélange de panure pour porc, de type Shake 'n Bake^{MD}

Huile d'olive extra vierge pour la friture

Miel de fleur d'oranger (facultatif)

Brins de thym frais (facultatif)

1. Dans un bol moyen, combiner la saucisse, 15 ml (1 c. à soupe) de thym haché, l'ail, le sel et le poivre. Bien mélanger. Former 16 boules de 3,8 cm (1½ po). Aplatir pour faire des galettes de 5 cm (2 po).

2. Verser le mélange de panure dans un moule à tarte. Passer les galettes de porc dans la panure pour bien enrober.

3. Dans une grande poêle, faire chauffer 0,6 cm (¼ po) d'huile à feu moyen-vif. Placer les galettes dans la poêle par lots à l'aide d'une spatule et frire de 3 à 5 minutes par côté. Retirer et déposer sur du papier essuie-tout pour enlever l'excédent d'huile. (Ajouter de l'huile entre les lots si nécessaire.)

4. Arroser chaque galette de miel (facultatif) et garnir de thym (facultatif). Servir immédiatement.

Galette de pommes de terre rissolées et saucisses

Préparation 30 minutes   **Cuisson** 20 minutes   **Donne** 6 portions

1 sac de 600 g (20 oz) de pommes de terre rissolées réfrigérées, de type Simply PotatoesMD

10 ml (2 c. à thé) d'assaisonnement citron et fines herbes, de type Club HouseMD

5 ml (1 c. à thé) de sel

1,25 ml (¼ c. à thé) de poivre noir moulu

30 ml (2 c. à soupe) de beurre, fondu

15 ml (1 c. à soupe) d'huile d'olive extra vierge

80 ml (⅓ tasse) de mélange de 3 fromages râpés, de type DiGiornoMD

2 bouteilles de 375 ml (12 oz) de bière blonde

4 saucisses bratwurst fraîches, de type JohnsonvilleMD

Ciboulette fraîche, hachée (facultatif)

Crème sure (facultatif)

1. Préchauffer le four à 230 °C (450 °F).

2. Dans un grand bol, mélanger les pommes de terre rissolées avec l'assaisonnement citron et fines herbes, le sel et le poivre. Dans un petit bol, combiner le beurre fondu et l'huile d'olive; en verser la moitié sur les pommes de terre rissolées et mélanger.

3. Dans une grande poêle en fonte, faire chauffer le restant du mélange beurre-huile à feu moyen-vif. Disposer ⅓ des pommes de terre au fond de la poêle. Parsemer le fromage sur les pommes de terre restantes dans le bol et mélanger. Étendre sur la première couche de pommes de terre et presser avec une spatule. Cuire 4 minutes, en pressant avec la spatule. Transférer la poêle au four. Cuire de 20 à 25 minutes, en pressant avec la spatule à la mi-cuisson.

4. Entre-temps, porter la bière à ébullition dans une grande casserole et ajouter la saucisse bratwurst. Laisser mijoter de 25 à 30 minutes, ou jusqu'à ce que la cuisson soit complète.

5. Sortir les pommes de terre rissolées du four et retourner la poêle sur une planche à découper pour retirer les pommes de terre. Couper la galette de pommes de terre en morceaux; garnir de tranches de saucisse. Servir avec la ciboulette fraîche et la crème sure (facultatif).

Saucisses en pâte avec fromage

Préparation 20 minutes   **Cuisson** 12 minutes   **Donne** 48 portions

SAUCISSES

Enduit antiadhésif, de type Pam^{MD}

2 boîtes de 235 g (8 oz) de croissants réfrigérés,
de type Pillsbury^{MD}

10 tranches de fromage cheddar fort, de type
Tillamook^{MD}

1 paquet de 420 g (14 oz) de saucisses fumées au
bœuf, de type « Li'l beef », Hillshire Farm^{MD}

TREMPETTE

125 ml (½ tasse) de moutarde de Dijon, de type
Ingelhoffer^{MD}

60 ml (¼ tasse) de mayonnaise, de type Best
Foods^{MD}/ Hellmann's^{MD}

30 ml (2 c. à soupe) de miel, de type Sue Bee^{MD}

1. Préchauffer le four à 190 °C (375 °F). Vaporiser légèrement 2 plaques à pâtisserie d'enduit antiadhésif ; réserver.

2. Pour les saucisses, dérouler les 2 boîtes de pâte et la séparer en 16 triangles. Couper chaque triangle en 3 triangles plus petits. Couper chaque tranche de fromage en 5 morceaux d'environ 1,3 cm (½ po) de largeur.

3. Placer 1 morceau de fromage sur chaque triangle, puis 1 saucisse sur le côté plus large de chaque triangle. Replier le bout étroit de chaque triangle par-dessus chaque saucisse. Disposer, pointe vers le bas, sur les plaques à pâtisserie préparées*.

4. Cuire de 12 à 15 minutes, ou jusqu'à ce qu'elles soient dorées. Tourner les plaques à la mi-cuisson. Retirer immédiatement des plaques à pâtisserie.

5. Pour la trempette, combiner la moutarde, la mayonnaise et le miel dans un bol moyen. Servir les saucisses chaudes avec la trempette.

*Remarque : Si désiré, avant de les faire cuire, badigeonner chaque rouleau de ketchup et les parsemer de graines de pavot ; ou badigeonner de moutarde de Dijon et parsemer de graines de sésame.

Bruschetta avec tapenade aux fines herbes et aux amandes

Du début à la fin 10 minutes   **Donne** 625 ml (2½ tasses)

375 ml (1½ tasse) de fines herbes fraîches mélangées, par exemple origan, ciboulette, thym, estragon, aneth, basilic ou persil, finement hachées

190 ml (¾ tasse) d'amandes effilées, grillées et finement hachées, de type Diamond^{MD}

375 ml (1½ tasse) de tapenade préparée, de type DeLallo^{MD}

15 ml (1 c. à soupe) de piments jalapeño en cubes, de type Ortega^{MD}

15 ml (1 c. à soupe) de jus de citron congelé, décongelé, de type Minute Maid^{MD}

Tranches de baguette grillées

1. Dans un bol moyen, bien mélanger les fines herbes, les amandes, la tapenade, le jalapeño et le jus de citron.

2. Servir avec les tranches de baguette grillées.

Fondue au fromage et à la bière

Du début à la fin 15 minutes   **Donne** 12 portions

60 ml (¼ tasse) de beurre

60 ml (¼ tasse) de farine tout usage

1 bouteille de 360 ml (12 oz) de bière style lager, de type Samuel Adams Boston Lager^{MD}

2,5 ml (½ c. à thé) de moutarde sèche, de type Club House^{MD}

2,5 ml (½ c. à thé) de sauce Worcestershire, de type Lea & Perrins^{MD}

1,25 ml (¼ c. à thé) de poivre de Cayenne, de type Club House^{MD}

1 l (4 tasses) de fromage cheddar râpé, de type Sargento^{MD}

Cubes de pain croûté, bretzels mous, ou légumes frais assortis comme des carottes, du brocoli et du chou-fleur

1. Dans une casserole moyenne, faire fondre le beurre à feu moyen. Ajouter la farine en brassant; cuire de 1 à 2 minutes en remuant constamment. Ajouter la bière. Porter lentement à ébullition. Réduire le feu et cuire jusqu'à ce que le mélange épaississe à la consistance de crème, en brassant de temps en temps.

2. Incorporer la moutarde, la sauce Worcestershire et le poivre de Cayenne. Ajouter graduellement le fromage en remuant à feu doux jusqu'à ce qu'il soit fondu.

3. Servir chaud avec des cubes de pain croûté, des bretzels mous ou des légumes.

Rouleaux turcs

Préparation 20 minutes   **Cuisson** 25 minutes   **Donne** 24 hors-d'œuvre

Enduit antiadhésif à l'huile d'olive, de type **Mazola**MD

125 ml (½ tasse) d'olives vertes farcies à l'ail, hachées, de type **Mezzetta**MD

125 ml (½ tasse) d'olives Kalamata dénoyautées, hachées, de type **Peloponnese**MD

80 ml (⅓ tasse) de fromage feta émietté avec citron, ail et origan, de type **Athenos**MD

45 ml (3 c. à soupe) d'amandes effilées, de type **Planters**MD

45 ml (3 c. à soupe) de raisins secs dorés, de type **Sun-Maid**MD

2,5 ml (½ c. à thé) de mélange d'épices chai, de type **McCormick**MD

8 feuilles de pâte phyllo congelées, décongelées, de type **Athens**MD

1. Préchauffer le four à 180 °C (350 °F). Vaporiser 2 plaques à pâtisserie d'enduit antiadhésif. Réserver.

2. Dans un bol moyen, combiner les olives, le fromage feta, les amandes, les raisins secs et les épices chai ; réserver.

3. Déposer une feuille de pâte phyllo sur une surface de travail plane. (Pendant ce temps, couvrir le restant de la pâte phyllo d'un linge à vaisselle.) Vaporiser une couche uniforme d'enduit antiadhésif sur la feuille et couvrir d'une autre feuille de phyllo. Continuer pour obtenir 4 couches. Avec un couteau tranchant, couper la pâte pour obtenir 12 rectangles.

4. Étaler 5 ml (1 c. à thé) du mélange d'olives sur le côté plus court d'un des morceaux de phyllo, en laissant 1,3 cm (½ po) de chaque côté. Rouler fermement le côté court vers l'autre côté pour former un cylindre. Vaporiser le bout d'enduit antiadhésif, sceller le joint et placer sur la plaque à pâtisserie, joint vers le bas. Répéter pour obtenir 24 morceaux.

5. Faire cuire de 25 à 30 minutes, ou jusqu'à ce que les rouleaux soient dorés. Laisser refroidir 5 minutes avant de servir.

Champignons farcis au pesto

Préparation 20 minutes   **Cuisson** 20 minutes   **Donne** 24 champignons

Enduit antiadhésif, de type Pam^{MD}

24 gros champignons frais

60 ml (4 c. à soupe) d'huile d'olive extra vierge

250 ml (1 tasse) de mélange à farce au levain, de type Stove Top^{MD}

125 ml (½ tasse) d'eau bouillante

250 ml (1 tasse) de fromage ricotta, de type Precious^{MD}

190 ml (¾ tasse) de fromage mozzarella râpé, de type Sargento^{MD}

60 ml (¼ tasse) de fromage parmesan râpé, de type Sargento^{MD}

30 ml (2 c. à soupe) de pesto, de type Classico^{MD}

10 ml (2 c. à thé) de mélange d'ail en bouteille, de type Gourmet Garden^{MD}

1. Préchauffer le four à 190 °C (375 °F). Vaporiser d'enduit antiadhésif une plaque à pâtisserie avec rebords ; réserver.

2. Essuyer les champignons avec un essuie-tout. Retirer les queues et jeter. Si nécessaire, vider les chapeaux. À l'aide d'un pinceau à pâtisserie, badigeonner l'intérieur et l'extérieur des champignons d'huile d'olive.

3. Dans un bol moyen, combiner le mélange à farce et l'eau bouillante. Couvrir le bol et laisser reposer 5 minutes, ou jusqu'à ce que le mélange soit légèrement ramolli. Incorporer le fromage ricotta, la mozzarella, 30 ml (2 c. à soupe) du fromage parmesan, le pesto et le mélange d'ail. Remplir chaque champignon du mélange de farce. Disposer les champignons sur les plaques à pâtisserie préparées ; parsemer du restant de fromage parmesan.

4. Cuire de 20 à 25 minutes, ou jusqu'à ce qu'ils soient dorés. Servir immédiatement.

Portobellos croustillants panés à l'oignon

Du début à la fin 25 minutes   **Donne** 10 portions

Huile végétale pour friture, de type Wesson^{MD}

250 ml (1 tasse) d'oignons frits, de type French's^{MD}

125 ml (½ tasse) de chapelure, de type Progresso^{MD}

Sel et poivre noir moulu

125 ml (½ tasse) de substitut d'œuf, de type Egg Beaters^{MD}

1 emballage de 250 g (8 oz) de champignons portobellos en tranches, de type Monterey^{MD}

Trempette du marché au choix

1. Dans une casserole moyenne, faire chauffer 2,5 cm (1 po) d'huile à une température de 180 °C (350 °F).

2. Placer les oignons frits dans un grand sac de plastique refermable. Faire sortir l'air et sceller. Utiliser un rouleau à pâtisserie pour écraser les oignons dans le sac. Verser les oignons écrasés dans un moule à tarte et mélanger à la chapelure. Saler et poivrer au goût.

3. Verser le substitut d'œuf dans un bol peu profond. Tremper 1 tranche de portobello dedans et secouer pour retirer l'excédent. Passer dans le mélange de chapelure pour bien enrober. Déposer sur une grille. Répéter avec les portobellos restants.

4. En travaillant par lots, frire les portobellos environ 2 minutes par côté, ou jusqu'à ce qu'ils soient bien dorés. Retirer à l'aide de pinces et égoutter sur des essuie-tout. Servir immédiatement avec la trempette de votre choix.

Feuilletés fruités au fromage

Préparation 25 minutes   **Cuisson** 25 minutes   **Temps de refroidissement** 5 minutes   **Donne** 16 portions

1 feuille de pâte feuilletée, décongelée, de type Pepperidge Farm^{MD}

1 œuf

5 ml (1 c. à thé) d'eau

45 ml (3 c. à soupe) de fromage de chèvre

30 + 5 ml (2 c. à soupe + 1 c. à thé) de fromage à la crème, ramolli, de type Philadelphia^{MD}

165 ml (⅔ tasse) de mélange de fruits séchés, finement hachés, de type Sun-Maid^{MD}

1. Préchauffer le four à 200 °C (400 °F). Tapisser 2 plaques à pâtisserie de papier sulfurisé. Réserver.

2. Sur une surface légèrement enfarinée, dérouler la feuille de pâte feuilletée. À l'aide d'un rouleau à pâtisserie, abaisser à un rectangle de 35 x 25 cm (14 x 10 po). Couper la pâte en 16 rectangles de 8,9 x 6,4 cm (3½ x 2½ po).

3. Combiner l'œuf et l'eau; réserver. Dans un bol moyen, bien mélanger les deux fromages. Étaler 5 ml (1 c. à thé) du mélange de fromage au centre d'un rectangle de pâte, garnir de 10 ml (2 c. à thé) des fruits séchés. À l'aide d'un pinceau à pâtisserie, badigeonner la dorure à l'œuf sur les bords de la pâte. Ramener les coins ensemble et sceller les joints à l'aide d'une fourchette. Répéter pour confectionner un total de 16 pâtisseries.

4. Disposer les pâtisseries sur les plaques à pâtisserie. Réfrigérer 15 minutes. Retirer du réfrigérateur et badigeonner les dessus de la dorure à l'œuf restante.

5. Faire cuire de 25 à 30 minutes, ou jusqu'à ce qu'elles soient gonflées et dorées. Retirer du four et laisser refroidir 5 minutes. Servir chaud.

Coupes grecques

Préparation 30 minutes   **Cuisson** 16 minutes   **Donne** 30 hors-d'œuvre

Enduit antiadhésif à saveur de beurre, de type Mazola^{MD}

15 feuilles de pâte phyllo congelée, décongelée, de type Athens^{MD}

1 boîte de 300 ml (10 oz) d'épinards hachés congelés, décongelés et bien égouttés, de type Birds Eye^{MD}

1 contenant de 115 g (4 oz) de fromage feta émietté, de type Athenos^{MD}

60 ml (¼ tasse) d'olives Kalamata dénoyautées hachées, de type Peloponnese^{MD}

1 œuf

60 ml (¼ tasse) de yogourt nature, de type Danone^{MD}

15 ml (1 c. à soupe) d'assaisonnement grec, de type Club House^{MD}

10 ml (2 c. à thé) de jus de citron congelé, décongelé, de type Minute Maid^{MD}

1. Préchauffer le four à 180 °C (350 °F). Vaporiser 30 moules à muffins d'enduit anti-adhésif; réserver.

2. Dérouler la pâte phyllo. Déposer une feuille de pâte phyllo sur une surface de travail plane. (Pendant ce temps, couvrir le restant de la pâte phyllo d'un linge à vaisselle propre.) Vaporiser une couche uniforme d'enduit antiadhésif sur la feuille et couvrir d'une autre feuille de phyllo. Poursuivre avec 4 autres feuilles pour obtenir 6 couches. À l'aide d'un couteau tranchant, couper la pile de phyllo en 12 carrés. Placer chaque carré de phyllo dans une alvéole du moule à muffins. Répéter avec 6 autres feuilles de phyllo. Couper les 3 feuilles de phyllo restantes en moitiés sur la longueur. Utiliser ces feuilles pour faire une autre pile de phyllo; couper cette pile en 6 carrés et placer chacun dans une alvéole du moule à muffins.

3. Cuire de 8 à 10 minutes. Retirer et réserver.

4. Dans un grand bol, bien mélanger les épinards, le fromage feta, les olives, l'œuf, le yogourt, l'assaisonnement grec et le jus de citron. Déposer environ 15 ml (1 c. à soupe) du mélange d'épinards dans chaque coupe en phyllo. Faire cuire de 8 à 10 minutes supplémentaires ou jusqu'à ce qu'elles soient bien chaudes. Servir immédiatement.

Combinaisons soupe et sandwich

La combinaison soupe et sandwich la plus classique est sûrement le sandwich au fromage fondant accompagné de soupe aux tomates, mais si vous désirez explorer de nouvelles avenues, essayez la Bisque aux pommes de terre et aux tomates avec le sandwich Bacon et bleu sur seigle, ou peut-être la Crème de chou-fleur accompagnée de Mini calzones au pepperoni. Solution idéale pour le déjeuner, ou pour un dîner léger, un sandwich consistant accompagné d'une bonne soupe chaude à siroter est toujours apaisant et rassasiant.

Soupe aux patates douces et au gingembre

Du début à la fin 25 minutes   **Donne** 8 portions

1 sac de 720 g (24 oz) de patates douces coupées congelées, de type Ore-Ida^{MD} Steam n' Mash^{MD}

30 ml (2 c. à soupe) d'huile d'olive extra vierge

1 poireau moyen, partie blanche seulement, nettoyé et finement tranché

375 ml (1½ tasse) de carottes râpées, de type Ready Pac^{MD}

1 l (4 tasses) de bouillon de poulet réduit en sodium, de type Swanson^{MD}

15 + 5 ml (1 c. à soupe + 1 c. à thé) de gingembre émincé en bouteille, de type Gourmet Garden^{MD}

Sel et poivre noir moulu

125 ml (½ tasse) de yogourt nature sans gras

Coriandre fraîche, hachée (facultatif)

1. Faire cuire les patates douces au micro-ondes selon les instructions de l'emballage ; réserver.

2. Dans une marmite à soupe, faire chauffer l'huile à feu moyen-vif. Ajouter le poireau et les carottes ; cuire en remuant de 4 à 5 minutes, ou jusqu'à ce qu'ils commencent à ramollir. Incorporer les patates douces, le bouillon et 15 ml (1 c. à soupe) de gingembre émincé. Porter à ébullition ; réduire à feu doux. Laisser mijoter 15 minutes.

3. Transférer le mélange dans un mélangeur (travailler par lots si nécessaire). Couvrir et mélanger pour obtenir une texture lisse. Remettre la soupe dans la casserole et réchauffer. Saler et poivrer au goût. Incorporer les 5 ml (1 c. à thé) restants de gingembre émincé. Verser la soupe dans des bols de service. Garnir chaque portion de yogourt et de coriandre hachée (facultatif).

Sandwich grillé au fromage de chèvre et aux oignons doux

Du début à la fin 20 minutes   **Donne** 8 portions

16 tranches de fromage suisse, de type Sargento^{MD}

16 tranches de pain de seigle foncé, de type Oroweat^{MD}

375 ml (1½ tasse) de confiture d'oignon doux, de type Stonewall Kitchen^{MD}

2 bûches de 165 g (5,5 oz) de fromage de chèvre, en tranches de 0,6 cm (¼ po), de type Silver Goat^{MD}

1 bâton de 125 ml (½ tasse) de beurre, ramolli

1. Pour assembler les sandwichs, déposer 2 tranches de fromage suisse sur une tranche de pain de seigle. Garnir de 45 ml (3 c. à soupe) de la confiture d'oignon doux, 3 tranches de fromage de chèvre et 1 autre tranche de pain de seigle. Répéter avec les ingrédients restants.

2. Réchauffer une grande poêle à fond épais ou une plaque en fonte à feu moyen-doux. Étaler du beurre sur un côté d'un sandwich et placer dans la poêle. Étaler du beurre sur l'autre côté du sandwich. Griller les sandwichs environ 6 minutes, ou jusqu'à ce que le fromage suisse soit fondu et que le pain soit grillé, en retournant 1 fois.

3. Servir immédiatement ou tenir au chaud dans un four à 100 °C (200 °F) jusqu'au moment de servir.

Bisque aux pommes de terre et aux tomates

Du début à la fin 30 minutes   **Donne** 4 portions

30 ml (2 c. à soupe) de beurre

2 gros poireaux, partie blanche seulement, bien lavés et hachés

4 gousses d'ail rôti, de type Christopher Ranch^{MD}

1 l (4 tasses) de bouillon de poulet réduit en sodium, de type Swanson^{MD}

1 sac de 720 g (24 oz) de pommes de terre congelées assaisonnées à l'ail, de type Ore-Ida^{MD} Steam n' Mash^{MD}

1 boîte de 435 ml (14,5 oz) de tomates en petits dés, de type Hunt's^{MD}

125 ml (½ tasse) de crème légère ou de lait

Sel et poivre noir moulu

Ciboulette fraîche, finement hachée (facultatif)

1. Dans une grande casserole, faire fondre le beurre à feu moyen-vif. Ajouter les poireaux et l'ail; cuire en remuant environ 5 minutes, ou jusqu'à ce qu'ils soient tendres. Ajouter le bouillon de poulet, les pommes de terre congelées et les tomates. Porter à ébullition; réduire le feu. Laisser mijoter 15 minutes. Retirer du feu et laisser refroidir.

2. Transférer le mélange dans un mélangeur (travailler par lots si nécessaire). Couvrir et réduire en purée lisse. (La soupe peut se conserver au réfrigérateur jusqu'à 2 jours à ce point.) Incorporer la crème; saler et poivrer au goût. Garnir de ciboulette hachée (facultatif).

Bacon et bleu sur seigle

Du début à la fin 10 minutes   **Donne** 4 portions

16 tranches de bacon entièrement cuit, de type Tyson^{MD}

8 tranches de pain de seigle léger, de type Oroweat^{MD}

80 ml (⅓ tasse) de vinaigrette crémeuse au fromage bleu, de type Bob's Big Boy^{MD}

60 ml (4 c. à soupe) de fromage bleu émietté, de type Sargento^{MD}

2 tomates Roma, tranchées

Sel et poivre noir moulu

Mélange de salade printanière, de type Ready Pac^{MD}

1. Réchauffer le bacon au micro-ondes selon les instructions sur l'emballage.

2. Faire griller le pain et étaler la vinaigrette au fromage bleu sur chaque tranche. Disposer 4 tranches de bacon sur la moitié des tranches de pain. Parsemer de fromage bleu. Garnir chaque sandwich de tranches de tomate. Saler et poivrer au goût. Ajouter la laitue et ensuite l'autre tranche de pain. Couper en 2 et servir.

Soupe mexicaine au maïs et au poulet

Du début à la fin 15 minutes   **Donne** 4 portions

15 ml (1 c. à soupe) d'huile de canola

190 ml (¾ tasse) d'oignons hachés congelés, de type Ore-Ida^{MD}

10 ml (2 c. à thé) de mélange d'ail en bouteille, de type Gourmet Garden^{MD}

5 ml (1 c. à thé) d'assaisonnement mexicain, de type McCormick^{MD}

30 ml (2 c. à soupe) de farine tout usage

2 boîtes de 425 ml (14 oz) de bouillon de poulet, de type Swanson^{MD}

1 boîte de 330 ml (11 oz) de Mexicorn, de type Géant Vert^{MD}

2 maïs en épi miniatures congelés, décongelés et coupés en tranches de 1,3 cm (½ po), de type Green Giant Nibblers^{MD}

375 ml (1½ tasse) de poulet de rôtisserie cuit, peau enlevée, haché

15 ml (1 c. à soupe) de crème riche en matière grasse (facultatif)

1. Dans une grande casserole, chauffer l'huile à feu moyen-vif. Ajouter les oignons, l'ail et l'assaisonnement mexicain; cuire en remuant 3 minutes. Ajouter la farine; cuire en remuant de 2 à 3 minutes, ou jusqu'à ce que la farine commence à brunir. Incorporer le bouillon de poulet. Porter à ébullition; réduire le feu. Couvrir; laisser mijoter 5 minutes. Ajouter le Mexicorn et le maïs en épi. Laisser mijoter 2 minutes.

2. Incorporer le poulet haché; cuire, sans couvercle, environ 5 minutes, ou jusqu'à ce que le maïs soit chaud. Retirer du feu et incorporer la crème (facultatif). Servir chaud.

Wraps mexicains au poulet

Du début à la fin 15 minutes   **Donne** 4 portions

10 ml (2 c. à thé) d'assaisonnement à taco, de type Club House^{MD}

125 ml (½ tasse) de fromage à la crème, fouetté, de type Philadelphia^{MD}

4 tortillas molles de format taco, de type Mission^{MD}

60 ml (4 c. à soupe) de salsa aux haricots noirs et au maïs, de type Newman's Own^{MD}

20 ml (4 c. à thé) de piments verts en dés, de type Ortega^{MD}

1 paquet de 180 g (6 oz) de lanières de poitrine de poulet cuit congelées, de type Foster Farms^{MD}

120 ml (8 c. à soupe) de laitue déchiquetée, de type Fresh Express^{MD}

60 ml (4 c. à soupe) de fromage râpé de style mexicain, de type Kraft^{MD}

1. Dans un petit bol, incorporer l'assaisonnement à taco au fromage à la crème et bien mélanger. Étaler 30 ml (2 c. à soupe) du mélange de fromage à la crème sur une tortilla. Garnir de 15 ml (1 c. à soupe) de salsa et 5 ml (1 c. à thé) de piments verts. Ajouter quelques lanières de poulet, et ensuite la laitue déchiquetée et le fromage râpé.

2. Faire un rouleau serré avec la tortilla; couper en 2. Répéter pour faire 3 autres wraps.

Chaudrée de crabe et de maïs de Maw Maw

Du début à la fin 15 minutes   **Donne** 6 portions

1 bâton de 125 ml (½ tasse) de beurre, coupé en morceaux

1 sac de 375 ml (12 oz) d'oignons hachés congelés, décongelés, de type Ore-Ida^MD

2 boîtes de 441 ml (14,7 oz) de maïs en crème, de type Géant Vert^MD

1 boîte de 441 ml (14,7 oz) de maïs, égoutté, de type Géant Vert^MD

1 boîte de 322 ml (10,75 oz) de crème de pommes de terre condensée, de type Campbell's

250 ml (1 tasse) de crème 11,5 % M.G. ou légère

250 ml (1 tasse) de bouillon de poulet réduit en sodium, de type Swanson^MD

1 bocal de 125 ml (4 oz) de piments forts rouges, égouttés et hachés, de type Dromedary^MD

5 ml (1 c. à thé) de graines de céleri, broyées, de type Club House^MD

1 feuille de laurier, de type Club House^MD

1 boîte de 500 g (16 oz) de chair de crabe, de type Blue Star^MD

1. Dans une grande casserole, faire fondre le beurre à feu moyen-vif. Ajouter les oignons ; cuire en remuant jusqu'à qu'ils soient ramollis mais pas dorés. Incorporer le maïs, la crème condensée, la crème, le bouillon, les piments, les graines de céleri et la feuille de laurier ; bien mélanger. Bien réchauffer en remuant fréquemment. Incorporer délicatement la chair de crabe ; bien réchauffer. Retirer la feuille de laurier avant de servir. Servir immédiatement.

Sandwich « Po'Boy » à la salade de crevettes cajun

Préparation 15 minutes   **Temps de refroidissement** 1 heure   **Donne** 4 portions

VINAIGRETTE

190 ml (¾ tasse) de mayonnaise, de type Best Foods^MD/ Hellmann's^MD

15 ml (1 c. à soupe) d'oignons séchés émincés, de type Spice Islands^MD

7,5 ml (1½ c. à thé) d'assaisonnement cajun, de type Club House^MD

5 ml (1 c. à thé) de moutarde moulue à la meule, de type Inglehoffer^MD

SALADE DE CREVETTES

450 g (1 lb) de crevettes de taille moyenne cuites, décortiquées et équeutées

125 ml (½ tasse) de maïs en grains congelé, décongelé, de type Géant Vert^MD

1 boîte de 68 ml (2,25 oz) d'olives noires tranchées, égouttées, de type Early California^MD

1 bocal de 65 ml (2 oz) de piments forts rouges en dés, égouttés, de type Dromedary^MD

125 ml (½ tasse) d'œufs cuits durs, achetés du comptoir à salades

60 ml (¼ tasse) de persil plat frais, finement haché

15 ml (1 c. à soupe) de mélange d'ail en bouteille, de type Gourmet Garden^MD

4 petits pains français, coupés en 2 sur la longueur

1 citron, coupé en quartiers (facultatif)

1. Pour la vinaigrette, mélanger la mayonnaise, les oignons, l'assaisonnement cajun et la moutarde dans un bol moyen ; réserver.

2. Pour la salade de crevettes, couper les crevettes en 2 sur la longueur ; placer dans un grand bol. Ajouter le maïs, les olives, les piments, les œufs, le persil et l'ail ; mélanger délicatement pour combiner. Verser la vinaigrette sur les crevettes et bien mélanger. Refroidir au réfrigérateur pendant 1 heure.

3. Pour servir, diviser la salade de crevettes parmi les petits pains coupés. Servir immédiatement avec les quartiers de citron (facultatif).

Soupe au brocoli et au fromage

Du début à la fin 20 minutes   **Donne** 4 portions

30 ml (2 c. à soupe) de beurre

60 ml (¼ tasse) d'oignons en dés, de type Ready Pac^{MD}

60 ml (¼ tasse) de farine tout usage

500 ml (2 tasses) de bouillon de poulet, de type Swanson^{MD}

500 ml (2 tasses) de lait

360 g (12 oz) de produit de fromage fondu, coupé en petits morceaux, de type Velveeta^{MD}

375 ml (1½ tasse) de brocoli haché congelé, décongelé, de type C&W^{MD}

Sel et poivre noir moulu

1. Dans une grande casserole, faire fondre le beurre à feu moyen-vif. Ajouter les oignons; cuire en remuant jusqu'à ce qu'ils soient tendres. Incorporer la farine et cuire environ 5 minutes en remuant fréquemment. Incorporer le bouillon de poulet et le lait. Porter à ébullition; réduire le feu. Cuire en remuant occasionnellement de 3 à 4 minutes, ou jusqu'à ce que le tout épaississe. Incorporer le fromage; cuire en remuant jusqu'à ce que le fromage soit fondu. Incorporer le brocoli; bien réchauffer en remuant occasionnellement. Saler et poivrer au goût. Servir chaud.

Sandwich chaud de dinde à l'étouffée

Du début à la fin 20 minutes   **Donne** 4 portions

2 sachets de 48 g (1,6 oz) de mélange à sauce Alfredo, de type Knorr^{MD}

500 ml (2 tasses) de lait

250 ml (1 tasse) de crème 11,5 % M.G. ou légère

190 ml (¾ tasse) de fromage parmesan râpé, de type DiGiorno^{MD}

1 bocal de 65 ml (2 oz) de piments forts rouges en dés, égouttés, de type Dromedary^{MD}

8 tranches de bacon entièrement cuit, de type Hormel^{MD}

8 tranches de pain blanc, grillé et croûtes retirées, de type Sara Lee^{MD}

675 g (1½ lb) de poitrine de dinde de charcuterie, en tranches fines

1. Préchauffer le gril à feu moyen-vif.

2. Dans une grande casserole, combiner le mélange à sauce avec le lait et la crème. Porter à ébullition douce à feu moyen en remuant sans arrêt, jusqu'à ce que la sauce épaississe. Ajouter 125 ml (½ tasse) de fromage et les piments; remuer pour bien mélanger.

3. Réchauffer le bacon au micro-ondes selon les instructions sur l'emballage. Entre-temps, pour chaque sandwich, placer 2 tranches du pain grillé sur 4 assiettes pouvant aller sous le gril. Diviser la dinde parmi les assiettes. Verser une quantité généreuse de sauce sur la dinde et parsemer chaque sandwich de 15 ml (1 c. à soupe) du fromage restant. Faire griller à 10 cm (4 po) de la source de chaleur jusqu'à ce que la sauce soit brune et forme des bulles. Retirer du gril et déposer 2 tranches de bacon en croix sur chaque sandwich en appuyant légèrement. Servir immédiatement.

Soupe au poulet prompt rétablissement

Mijoteuse de 4 l (16 tasses)   **Préparation** 10 minutes   **Cuisson** 2 à 4 heures (intensité élevée) ou 6 à 8 heures (intensité faible)   **Donne** 4 portions

½ poulet de rôtisserie

2 boîtes de 425 ml (14 oz) de bouillon de poulet réduit en sodium, de type Swanson^{MD}

1 boîte de 322 ml (10,75 oz) de crème de champignons avec ail rôti condensée, de type Campbell's^{MD}

250 ml (1 tasse) de bâtonnets de carottes et de céleri, en dés, de type Ready Pac^{MD}

125 ml (½ tasse) d'oignons en dés, de type Ready Pac^{MD}

5 ml (1 c. à thé) de mélange de fines herbes, de type Club House^{MD}

Sel et poivre noir moulu

250 ml (1 tasse) de nouilles aux œufs crues, de type Manischewitz^{MD}

1. Retirer la peau du poulet rôti ; retirer la viande des os et déchiqueter la viande. (Réserver l'autre moitié du poulet pour un autre usage.)

2. Dans la mijoteuse, combiner le poulet déchiqueté, le bouillon de poulet, la crème de champignons, les carottes et le céleri, les oignons et les fines herbes. Couvrir et faire cuire à intensité élevée pendant 2 à 4 heures ou à faible intensité de 6 à 8 heures. Saler et poivrer au goût.

3. Avant de servir, faire cuire les nouilles aux œufs dans une casserole d'eau bouillante salée selon les instructions sur l'emballage ; égoutter. Incorporer les nouilles aux œufs à la soupe et servir.

Sandwich au fromage fondant et au pesto

Du début à la fin 15 minutes   **Donne** 4 portions

8 tranches de fromage cheddar, de type Kraft^{MD}

8 tranches de pain rustique aux pommes de terre, de type Oroweat^{MD}

60 ml (4 c. à soupe) de sauce pesto réfrigérée, de type Buitoni^{MD}

8 tranches de fromage suisse, de type Sargento^{MD}

Beurre, ramolli

1. Faire un sandwich en disposant 2 tranches de fromage cheddar sur 1 tranche de pain aux pommes de terre. Garnir de 15 ml (1 c. à soupe) de pesto, 2 tranches de fromage suisse et 1 autre tranche de pain aux pommes de terre. Répéter avec les ingrédients restants pour faire 4 sandwichs.

2. Chauffer une grande poêle ou une plaque chauffante à feu moyen ou moyen-doux. Étaler du beurre sur un côté de chaque sandwich et placer 2 sandwichs dans la poêle à la fois, côté beurré vers le bas. Étaler le beurre sur l'autre côté des sandwichs une fois dans la poêle. Faire cuire environ 6 minutes, ou jusqu'à ce que le fromage ait fondu et que le pain soit doré, en retournant 1 fois. Répéter pour les sandwichs restants. Servir immédiatement.

Crème de chou-fleur

Du début à la fin 25 minutes **Donne** 4 portions

SOUPE

15 ml (1 c. à soupe) d'huile de canola

80 ml (⅓ tasse) d'oignons en dés, de type Ready Pac^MD

10 ml (2 c. à thé) de mélange d'ail en bouteille, de type Gourmet Garden^MD

750 ml (3 tasses) de chou-fleur congelé, de type Birds Eye^MD

500 ml (2 tasses) de bouillon de légumes, de type Swanson^MD

1 boîte de 322 ml (10,75 oz) de crème de pommes de terre condensée, de type Campbell's^MD

330 ml (1⅓ tasse) de lait

Sel et poivre noir moulu

SALSA

250 ml (1 tasse) de carottes miniatures pelées en sachet, grossièrement hachées

1 oignon vert, haché (parties blanche et verte)

2,5 ml (½ c. à thé) de mélange d'ail en bouteille, de type Gourmet Garden^MD

½ jalapeño, épépiné et haché

Sel et poivre noir moulu

1. Pour la soupe, faire chauffer l'huile dans une grande casserole à feu moyen-vif. Ajouter les oignons et l'ail; cuire en remuant environ 2 minutes ou jusqu'à ce que les oignons soient translucides. Ajouter le chou-fleur, le bouillon de légumes et la crème condensée. Porter à ébullition. Faire bouillir de 8 à 10 minutes, ou jusqu'à ce que le chou-fleur soit ramolli. Retirer du feu; laisser refroidir.

2. Dans un mélangeur, combiner le mélange au chou-fleur cuit et le lait. Couvrir et mélanger jusqu'à l'obtention d'une consistance lisse. Remettre dans la casserole et bien réchauffer. Saler et poivrer au goût. Nettoyer le mélangeur.

3. Pour la salsa, combiner les carottes, l'oignon vert, l'ail et le jalapeño dans le mélangeur propre. Hacher grossièrement par pulsations. Saler et poivrer au goût.

4. Pour servir, garnir chaque portion de soupe de salsa.

Mini calzones au pepperoni

Préparation 15 minutes **Cuisson** 15 minutes **Donne** 8 portions

Enduit antiadhésif, de type Pam^MD

15 ml (1 c. à soupe) d'huile d'olive extra vierge

80 ml (⅓ tasse) d'oignons en dés, finement hachés, de type Ready Pac^MD

1 emballage de 250 g (8 oz) de pepperoni, haché, de type Hormel^MD

10 ml (2 c. à thé) de mélange d'ail en bouteille, de type Gourmet Garden^MD

250 ml (1 tasse) de mélange italien de 5 fromages râpés, de type Kraft^MD

125 ml (½ tasse) de sauce à pizza, de type Prego^MD

2,5 ml (½ c. à thé) d'assaisonnement à l'italienne, de type Club House^MD

Sel et poivre noir moulu

1 rouleau de 489 g (16,3 oz) de pâte à petits pains réfrigérée, de type Pillsbury^MD

1 œuf

5 ml (1 c. à thé) d'eau

1. Préchauffer le four à 200 °C (400 °F). Vaporiser une plaque à pâtisserie d'enduit antiadhésif; réserver.

2. Pour la garniture, faire chauffer l'huile à feu moyen-vif dans une poêle moyenne. Ajouter les oignons; cuire en remuant environ 3 minutes, ou jusqu'à ce qu'ils soient tendres. Ajouter le pepperoni et l'ail; faire cuire 4 minutes. Retirer du feu; incorporer le fromage, la sauce à pizza et l'assaisonnement à l'italienne, et bien mélanger. Saler et poivrer au goût. Mettre de côté pour laisser refroidir.

3. Ouvrir la pâte à petits pains et séparer en petits pains. Sur une surface légèrement enfarinée, abaisser chaque petit pain à un cercle de 15 cm (6 po). Répartir le mélange à garniture uniformément entre les cercles de pâte. Combiner l'œuf et l'eau; badigeonner les bords de la pâte avec l'œuf. Plier les cercles de pâte en 2. Pincer les bords de la pâte avec une fourchette et transférer sur la plaque à pâtisserie préparée. Percer le dessus de chaque calzone à l'aide d'une fourchette, et badigeonner du mélange d'œuf et d'eau.

4. Faire cuire de 15 à 20 minutes, ou jusqu'à ce qu'ils soient dorés. Servir chaud.

Bisque de homard facile

Du début à la fin 30 minutes   **Donne** 4 portions

2 queues de homard congelées de 240 g (8 oz),
    décongelées et chair retirée de la carapace

30 ml (2 c. à soupe) d'huile d'olive extra vierge

1 oignon jaune moyen, émincé

500 ml (2 tasses) de lait

375 ml (1½ tasse) de crème 35 % M.G.

30 ml (2 c. à soupe) de beurre

1 boîte de 300 ml (10 oz) de crème de crevette
    condensée, de type Campbell'sMD

1 boîte de 322 ml (10,75 oz) de crème de champignons
    condensée, de type Campbell'sMD

1,25 ml (¼ c. à thé) de piment de Cayenne, de type Club
    HouseMD

2,5 ml (½ c. à thé) de graines de céleri, de type Club
    HouseMD

60 ml (¼ tasse) de xérès sec, de type Christian BrothersMD

Brins d'aneth frais (facultatif)

1. Placer les carapaces des queues dans un sac à fermeture éclair. Frapper avec un maillet en caoutchouc pour les défaire.

2. Dans une casserole moyenne, faire chauffer l'huile d'olive à feu moyen-vif. Ajouter les carapaces de queues de homard et l'oignon; faire cuire en remuant de 6 à 8 minutes, ou jusqu'à ce que l'oignon ramollisse. Ajouter le lait et la crème; laisser mijoter 15 minutes. Retirer du feu et laisser refroidir un peu. Passer le mélange de lait pour retirer les morceaux de carapace; jeter les carapaces.

3. Hacher grossièrement la chair de queue de homard. Dans une grande casserole, faire fondre le beurre à feu moyen. Ajouter la chair de homard. Cuire en remuant de 5 à 6 minutes, ou jusqu'à ce que le homard soit opaque. Réduire le feu; ajouter les crèmes condensées, le poivre de Cayenne et les graines de céleri. Ajouter le mélange de lait filtré en remuant pour bien mélanger. Laisser mijoter environ 5 minutes, ou jusqu'à ce que le tout soit chaud, en remuant de temps en temps.

4. À l'aide d'une louche, verser la soupe dans 4 bols, en divisant la chair de homard entre les bols. Arroser chaque bol de 15 ml (1 c. à soupe) de xérès et garnir d'un brin d'aneth (facultatif).

Mini sandwichs aux beignets de crabe

Préparation 15 minutes   **Cuisson** 8 minutes   **Donne** 4 portions

SAUCE TARTARE CAJUN

1 bouteille de 300 ml (10 oz) de sauce tartare, de type
    Best FoodsMD/Hellmann'sMD

10 ml (2 c. à thé) d'assaisonnement cajun, de type Club
    HouseMD

1 oignon vert, finement haché

6 traits de sauce au piment, de type TabascoMD

BEIGNETS DE CRABE

2 boîtes de 180 ml (6 oz) de chair de crabe en morceaux,
    égouttée, de type Crown PrinceMD

250 ml (1 tasse) de chapelure fraîche

15 ml (1 c. à soupe) de mélange de fines herbes, de type
    Club HouseMD

1 boîte de 255 ml (8,5 oz) de préparation pour muffins
    au maïs, de type JiffyMD

Huile végétale pour la friture

12 petits pains sucrés, de type King's HawaiianMD

Feuilles de laitue beurre

Tomates, tranchées

1. Préchauffer le four à 190 °C (375 °F).

2. Pour la sauce tartare cajun, combiner la sauce tartare, l'assaisonnement cajun, l'oignon vert et la sauce au piment dans un petit bol.

3. Pour les beignets de crabe, mélanger la chair de crabe égouttée et 250 ml (1 tasse) de la sauce tartare cajun dans un bol moyen. Ajouter la chapelure et les fines herbes; mélanger légèrement jusqu'à ce que le tout soit à peine combiné. (Trop mélanger donnera des beignets caoutchouteux.) Former environ 12 boules de 5 cm (2 po) avec le mélange.

4. Verser la préparation pour muffins au maïs dans un plat peu profond. Tremper délicatement les beignets de crabe dans la préparation; réserver.

5. Dans une grande poêle, ajouter suffisamment d'huile pour couvrir le fond; faire chauffer l'huile à feu moyen. Lorsque l'huile commence à miroiter, faire frire les beignets de crabe en lots, environ 2 minutes par côté, ou jusqu'à ce qu'ils aient bruni. Transférer à une plaque à pâtisserie.

6. Faire cuire au four de 8 à 10 minutes, ou jusqu'à ce qu'ils soient bien réchauffés. Servir les beignets de crabe sur les petits pains sucrés accompagnés de laitue, de tomates et de sauce tartare cajun supplémentaire.

Soupe aigre-piquante

Du début à la fin 15 minutes   **Donne** 4 portions

625 ml (2½ tasses) d'eau

1 bouteille de 375 ml (12 oz) de jus de palourdes, de type Snow'sᴹᴰ

1 lime, écorce râpée et jus réservé

45 ml (3 c. à soupe) de jus de lime, de type ReaLimeᴹᴰ

1 boîte de 240 g (8 oz, poids égoutté) de champignons de paille, égouttés

1 petite tomate, pelée et coupée en petits quartiers

15 ml (1 c. à soupe) de citronnelle émincée, de type Gourmet Gardenᴹᴰ

5 ml (1 c. à thé) de sauce chili-ail, de type Lee Kum Keeᴹᴰ

360 g (12 oz) de crevettes de taille moyenne, décortiquées et déveinées

120 g (4 oz) de shiitakes frais, pieds retirés et chapeaux finement tranchés

2,5 ml (½ c. à thé) de sel

2 oignons verts, tranchés diagonalement

30 ml (2 c. à soupe) de xérès sec, de type Christian Brothersᴹᴰ

1. Dans une grande casserole, combiner l'eau, le jus de palourdes, l'écorce de lime râpée, les jus de lime frais et en bouteille; porter à ébullition. Ajouter les champignons de paille, la tomate, la citronnelle et la sauce chili-ail. Retourner à ébullition; réduire à feu moyen. Laisser mijoter 5 minutes.

2. Ajouter les crevettes, les shiitakes et le sel; laisser mijoter 2 minutes de plus. Incorporer les oignons verts et le xérès avant de servir. Servir chaud.

Wraps au poulet et à la laitue

Du début à la fin 15 minutes   **Donne** 4 portions

15 ml (1 c. à soupe) d'huile végétale

675 g (1½ lb) de poulet haché cru

5 ml (1 c. à thé) de sel

2,5 ml (½ c. à thé) de poivre noir moulu

190 ml (¾ tasse) d'oignons en dés, finement hachés, de type Ready Pacᴹᴰ

125 ml (½ tasse) d'arachides, de type Plantersᴹᴰ

60 ml (¼ tasse) de sauce chili thaï épicée, de type Thai Kitchenᴹᴰ

20 ml (4 c. à thé) de jus de lime, de type ReaLimeᴹᴰ

60 ml (¼ tasse) de coriandre fraîche, finement hachée

1 pomme de laitue beurre (Boston ou Bibb), rincée et épongée

1. Dans une grande poêle, faire chauffer l'huile végétale à feu moyen-vif. Lorsque l'huile commence à miroiter, ajouter le poulet haché, le sel et le poivre. Faire complètement cuire le poulet en le brisant en petits morceaux à l'aide d'une spatule. Ajouter les oignons hachés; cuire en remuant environ 2 minutes, ou jusqu'à ce que les oignons aient ramolli. Incorporer les arachides, la sauce chili et le jus de lime. Réchauffer en remuant de temps en temps. Retirer du feu et incorporer la coriandre.

2. Pour servir, façonner une feuille de laitue en forme de coupe et y déposer 30 ml (2 c. à soupe) du mélange de poulet. Répéter avec les autres feuilles de laitue et le reste du mélange de poulet.

Soupe à l'oignon

Mijoteuse de 4 l (16 tasses)   **Cuisson** 4 heures (intensité élevée) ou 8 heures (intensité faible)   **Donne** 8 portions

1,25 l (5 tasses) d'oignons, tranchés

2 boîtes de 425 ml (14 oz) de bouillon de bœuf réduit en sodium, de type Swanson^{MD}

2 boîtes de 300 ml (10 oz) de consommé de bœuf, de type Campbell's^{MD}

1 enveloppe de mélange pour soupe à l'oignon, de type Lipton^{MD}

8 tranches de pain français

250 ml (1 tasse) de fromage gruyère râpé

1. Dans la mijoteuse, combiner les oignons, le bouillon, le consommé et le mélange pour soupe. Faire cuire à intensité élevée pendant 4 heures ou à intensité faible pendant 8 heures.

2. Verser la soupe dans des bols de service allant au four. Garnir chaque bol d'une tranche de pain français. Parsemer 30 ml (2 c. à soupe) du fromage sur chaque tranche de pain. Placer de 10 à 15 cm (4 à 6 po) sous le gril jusqu'à ce que le fromage fonde.

Sandwich barbecue au bœuf style texan

Du début à la fin 20 minutes   **Donne** 4 portions

1 bouteille de 375 ml (12 oz) de sauce chili, de type Heinz^{MD}

250 ml (1 tasse) de bière, de type Budweiser^{MD}

60 ml (¼ tasse) de mélasse, de type Grandma's^{MD}

1 sachet de 40 g (1,31 oz) de mélange d'assaisonnement pour Sloppy Joes, de type Club House^{MD}

30 ml (2 c. à soupe) de cassonade tassée

12 tranches de pointe de poitrine de bœuf cuite

1 boîte de 337 g (11,25 oz) de pain Texas toast* à l'ail, de type Pepperidge Farm^{MD}

1. Préchauffer le four à 220 °C (425 °F).

2. Dans une grande poêle, mélanger la sauce chili, la bière, la mélasse, le mélange à Sloppy Joes et la cassonade. Porter à ébullition ; réduire le feu. Laisser mijoter 10 minutes, en remuant fréquemment. Ajouter les tranches de pointe de poitrine et laisser mijoter de 3 à 4 minutes, ou jusqu'à ce que le bœuf soit chaud.

3. Entre-temps, disposer le pain, côté assaisonné vers le haut, sur une plaque à pâtisserie. Faire cuire de 5 à 6 minutes, ou jusqu'à ce qu'il soit bien chaud.

4. Pour assembler les sandwichs, disposer 3 tranches de pointe de poitrine sur chaque morceau de pain. Verser de la sauce par-dessus et mettre une autre tranche de pain.

*Texas toast : pain tranché très épais, souvent assaisonné d'un côté.

Crème d'artichauts

Préparation 5 minutes   **Cuisson** 10 minutes   **Donne** 4 portions

1 boîte de 425 ml (14 oz) de bouillon de poulet réduit en sodium, de type Swanson^MD

1 boîte de 322 ml (10,75 oz) de crème de céleri condensée, de type Campbell's^MD

1 bocal de 355 ml (12 oz) de cœurs d'artichaut (dans l'eau), égouttés, de type Cara Mia^MD

1 pincée de piment de Cayenne, de type Club House^MD

125 ml (½ tasse) de crème 11,5 % M.G. ou légère

Sel et poivre noir moulu

1. Dans un mélangeur, combiner le bouillon de poulet, la crème de céleri et les cœurs d'artichauts ; mélanger jusqu'à l'obtention d'une consistance lisse.

2. Verser le mélange dans une casserole de taille moyenne et chauffer à feu moyen-vif. Ajouter le poivre de Cayenne. Porter à ébullition ; réduire le feu. Laisser mijoter 10 minutes. Incorporer la crème ; saler et poivrer au goût.

Sous-marin chaud à l'italienne

Du début à la fin 25 minutes   **Donne** 6 portions

1 emballage de 500 g (16 oz) de saucisse italienne forte, de type Papa Cantella's^MD

1 pain italien ou au levain, tranché en 2 horizontalement

60 ml (4 c. à soupe) ou plus de vinaigrette balsamique, de type Newman's Own^MD

500 ml (2 tasses) de laitue iceberg déchiquetée

115 g (4 oz) de salami de Gênes, de la charcuterie

115 g (4 oz) de pastrami finement tranché, de la charcuterie

115 g (4 oz) de mortadelle finement tranchée, de la charcuterie

115 g (4 oz) de fromage mozzarella finement tranché, de la charcuterie

115 g (4 oz) de fromage provolone finement tranché, de la charcuterie

1 grosse tomate, finement tranchée

1 oignon rouge, finement tranché

60 ml (¼ tasse) de garniture bruschetta aux olives, de type DeLallo^MD

60 ml (¼ tasse) de fromage parmesan râpé, de type DiGiorno^MD

Piment de Cayenne broyé (facultatif), de type Club House^MD

1. Installer la grille pour cuisson directe à feu moyen. Huiler la grille juste avant de commencer la cuisson. Piquer les saucisses avec une fourchette et placer sur la grille chaude huilée. Faire cuire de 10 à 15 minutes, ou jusqu'à ce qu'un thermomètre à mesure instantanée inséré au centre de chaque saucisse indique 71 °C (160 °F), en retournant fréquemment.

2. Couper les saucisses en 2 sur le sens de la longueur et griller, côté coupé vers le bas, environ 1 minute de plus, ou jusqu'à ce que les saucisses aient bruni. Retirer et mettre sur un plateau ; couvrir et tenir au chaud.

3. Arroser les côtés coupés du pain de 30 ml (2 c. à soupe) de la vinaigrette ; griller, côté coupé vers le bas, jusqu'à ce qu'il soit bien doré.

4. Dans un bol moyen, mélanger la laitue aux 30 ml (2 c. à soupe) restants de vinaigrette et étaler sur la moitié inférieure du pain. Par étages, déposer les saucisses grillées, les viandes de charcuterie, les fromages, les tomates et les oignons sur la laitue. Parsemer de la garniture bruschetta aux olives, du parmesan et du piment de Cayenne broyé (facultatif). Placer le dessus du pain sur le sandwich. Couper en portions individuelles.

Méthode à l'intérieur : Dans une grande poêle, couvrir les saucisses d'eau. Laisser mijoter à feu moyen ; cuire environ 10 minutes, ou jusqu'à ce qu'elles soient presque entièrement cuites. Retirer les saucisses avec une cuillère à égoutter. Préchauffer le gril du four. Placer les saucisses partiellement cuites sur une grille métallique posée sur une plaque à pâtisserie tapissée de papier d'aluminium ou sur une lèchefrite. Griller à 15 à 20 cm (6 à 8 po) de la source de chaleur pendant 8 à 12 minutes, ou jusqu'à ce qu'un thermomètre à mesure instantanée inséré au centre de chaque saucisse indique 71 °C (160 °F). Retirer les saucisses, les couper en 2 sur la longueur et les griller 1 minute de plus, côté coupé vers le haut. Assembler le sandwich selon les instructions ci-dessus.

Soupe parfaite aux pommes de terre et aux poireaux

Du début à la fin 25 minutes   **Donne** 4 portions

30 ml (2 c. à soupe) de beurre

2 gros poireaux, parties blanches uniquement, bien lavés et hachés

5 ml (1 c. à thé) d'ail broyé en bouteille, de type Gourmet Garden^{MD}

1 sac de 720 g (24 oz) de pommes de terre jaunes coupées congelées, de type Ore-Ida^{MD} Steam n' Mash^{MD}

1 l (4 tasses) de bouillon de poulet réduit en sodium, de type Swanson^{MD}

125 ml (½ tasse) de crème légère ou de lait

Sel et poivre noir moulu

Ciboulette fraîche, finement hachée (facultatif)

1. Dans une grande casserole ou marmite, faire fondre le beurre à feu moyen-vif. Ajouter les poireaux et l'ail ; cuire en remuant environ 5 minutes ou jusqu'à ce que le tout soit tendre. Ajouter les pommes de terre congelées et le bouillon de poulet. Porter à ébullition ; réduire le feu. Laisser mijoter 15 minutes. Retirer du feu et laisser refroidir.

2. Transférer dans un mélangeur (travailler par lots si nécessaire). Couvrir et réduire en purée lisse. (La soupe peut être conservée au réfrigérateur jusqu'à 2 jours à ce point.) Incorporer la crème ; saler et poivrer au goût. Garnir de ciboulette (facultatif).

Sandwich grillé au corned-beef

Du début à la fin 20 minutes   **Donne** 4 portions

30 ml (2 c. à soupe) de sauce au raifort préparée, de type Kraft^{MD}

15 ml (1 c. à soupe) de moutarde jaune, de type French's^{MD}

Enduit antiadhésif, de type Pam^{MD}

1 boîte de 337 g (11,25 oz) de pain Texas toast* à l'ail congelé, de type Pepperidge Farm^{MD}

250 g (8 oz) de corned-beef tranché, de la charcuterie

8 tranches de fromage Gouda, de type Sargento^{MD}

Cornichons à l'aneth kascher, de type Claussen^{MD} (facultatif)

1. Dans un petit bol, bien mélanger la sauce au raifort et la moutarde ; réserver.

2. Vaporiser une grande poêle à fond cannelé d'enduit antiadhésif ; chauffer la poêle à feu moyen-vif. Mettre les Texas toast sur la poêle et faire griller 2 minutes. Retirer les tranches de pain de la poêle à l'aide d'une spatule.

3. Réchauffer les tranches de corned-beef dans une grand plat allant au micro-ondes pendant 30 secondes. Retirer, couvrir et réserver.

4. Étaler 5 ml (1 c. à thé) du mélange raifort-moutarde sur les côtés grillés du pain. Garnir chacun d'une tranche de fromage et de corned-beef chaud. Assembler les sandwichs en combinant 2 tranches de pain garnies de fromage et de corned-beef de manière à ce que le corned-beef soit au milieu du sandwich et les côtés non grillés du pain à l'extérieur du sandwich. Mettre chaque sandwich sur la poêle réchauffée et griller environ 4 minutes, ou jusqu'à ce que le fromage ait fondu et que le pain soit doré, en retournant 1 fois. Retirer et servir immédiatement accompagné des cornichons à l'aneth (facultatif).

*Texas toast : pain tranché très épais, souvent assaisonné d'un côté.

Ragoûts et chilis

Une grande casserole de ragoût mijotant sur la cuisinière remplit la maison d'arômes alléchants et porte une promesse de quelque chose merveilleux à déguster. Les ragoûts et chilis consistants qui nous réchauffent sont tout simplement géniaux pour recevoir en toute simplicité. On peut les laisser bouillonner sur la cuisinière, et les invités peuvent se servir à leur guise d'autant de bols que de garnitures qu'ils le désirent.

Ragoût Salisbury

Préparation 20 minutes   **Cuisson** 35 minutes   **Donne** 6 portions

15 ml (1 c. à soupe) de farine tout usage

570 g (1¼ lb) de surlonge de bœuf, hachée

60 ml (¼ tasse) de panure assaisonnée à l'ail et aux fines herbes, de type Shake 'n Bake^{MD}

15 ml (1 c. à soupe) de sauce Worcestershire, de type Lea & Perrins^{MD}

5 ml (1 c. à thé) d'ail broyé en bouteille, de type Club House^{MD}

45 ml (3 c. à soupe) d'huile d'olive extra vierge

1 gros oignon, grossièrement haché

30 ml (2 c. à soupe) de cassonade tassée, de type C&H^{MD}

1 boîte de 322 ml (10,75 oz) de crème de champignons avec ail rôti condensée, de type Campbell's^{MD}

190 ml (¾ tasse) de bouillon de bœuf, de type Swanson^{MD}

125 ml (½ tasse) de sauce au bœuf, de type Heinz^{MD}

5 ml (1 c. à thé) de thym moulu, de type Club House^{MD}

15 ml (1 c. à soupe) de xérès sec, de type Christian Brothers^{MD}

22,5 ml (1½ c. à soupe) de pâte de tomates, de type Contadina^{MD}

Brins de persil (facultatif)

1. Mettre la farine dans une assiette à tarte peu profonde ; réserver. Dans un grand bol, combiner le bœuf haché, le mélange de panure, la sauce Worcestershire et l'ail broyé ; bien mélanger. Façonner 18 à 20 galettes ovales. Tremper chaque galette de bœuf dans la farine en la retournant pour l'enrober uniformément.

2. Dans une grande casserole, faire chauffer 15 ml (1 c. à soupe) de l'huile à feu moyen-vif. Faire brunir les galettes des 2 côtés dans l'huile chaude ; utiliser des pinces pour transférer les galettes à un plat. Recouvrir de papier d'aluminium ; réserver.

3. Dans la même casserole, faire chauffer les 30 ml (2 c. à soupe) restants d'huile à feu vif. Ajouter les oignons et cuire 5 minutes ; remuer de temps en temps. Saupoudrer la cassonade sur les oignons ; faire cuire environ 15 minutes, ou jusqu'à ce que les oignons soient caramélisés, en remuant fréquemment.

4. Entre-temps, mélanger la crème de champignons, le bouillon de bœuf, la sauce et le thym dans un bol moyen ; réserver.

5. Verser le xérès dans les oignons et déglacer la casserole en raclant le fond. Incorporer la pâte de tomates. Verser dans le mélange soupe-sauce. Porter à ébullition ; réduire à feu moyen-doux. Remettre la viande dans la casserole. Couvrir et faire cuire environ 10 minutes, ou jusqu'à ce que ce soit bien chaud. Servir chaud avec un brin de persil sur chaque portion (facultatif).

Chili texan

Préparation 15 minutes   **Cuisson** 1 heure   **Donne** 4 portions

CHILI

675 g (1½ lb) de bifteck de haut de surlonge ou de viande à ragoût, coupé en cubes de 1,25 cm (½ po) ou plus petit

5 ml (1 c. à thé) de sel

5 ml (1 c. à thé) de poudre de piment ancho moulu, de type McCormick^MD Gourmet Collection

30 ml (2 c. à soupe) d'huile de canola ou de graisse de bacon

375 ml (1½ tasse) d'oignons hachés congelés, décongelés, de type Ore-Ida^MD

1 boîte de 210 g (7 oz) de piments verts en dés, de type Ortega^MD

15 ml (1 c. à soupe) d'ail émincé en bouteille, de type Club House^MD

1 boîte de 425 ml (14 oz) de bouillon de bœuf réduit en sodium, de type Swanson^MD

1 boîte de 322 ml (10,75 oz) de purée de tomates, de type Hunt's^MD

190 ml (¾ tasse) de bière texane, de type Shiner Bock^MD

1 sachet de mélange d'assaisonnement Tex-Mex, de type Club House^MD

GARNITURES

Fromage cheddar fort râpé, de type Sargento^MD

Oignons en dés

Crème sure

Biscuits soda ou craquelins au pain de maïs

1. Dans un bol moyen, mélanger le bœuf avec le sel et le piment ancho moulu. Dans une casserole moyenne, faire chauffer l'huile ou la graisse de bacon à feu moyen-vif. Ajouter le bœuf, les oignons, les piments et l'ail; faire cuire jusqu'à ce que le bœuf ait bruni, en remuant fréquemment. Incorporer le bouillon de bœuf, la purée de tomates, la bière et le mélange d'assaisonnement; porter à ébullition. Réduire à feu doux; couvrir et laisser mijoter de 1 à 1½ heure, en remuant de temps en temps.

2. Verser dans des bols et servir accompagné de fromage, d'oignons en dés, de crème sure et de craquelins.

Chili en poivron

Préparation 25 minutes **Cuisson** 50 minutes **Donne** 4 portions

4 gros poivrons, rouges, jaunes ou orange

450 g (1 lb) de bœuf haché maigre

1 contenant de 150 ml (5 oz) d'oignons en dés, de type Ready Pac^{MD}

2,5 ml (½ c. à thé) de sel

1,25 ml (¼ c. à thé) de poivre noir moulu

1 boîte de 455 ml (15 oz) de haricots pinto, égouttés, de type S&W^{MD}

60 ml (¼ tasse) de piments verts en dés, de type Ortega^{MD}

125 ml (½ tasse) de sauce aux tomates, de type Contadina^{MD}

1 sachet de 39 g (1,31 oz) de mélange d'assaisonnement pour Sloppy Joes, de type Club House^{MD}

30 ml (2 c. à soupe) de sauce au piment ou au goût, de type Tabasco^{MD}

5 ml (1 c. à thé) de cumin moulu, de type Club House^{MD}

5 ml (1 c. à thé) d'assaisonnement au chili, de type Club House^{MD}

30 ml (2 c. à soupe) d'huile végétale

Crème sure (facultatif)

1. Préchauffer le four à 180 °C (350 °F).

2. Retirer le capuchon de chaque poivron; réserver les capuchons. Retirer les graines et les membranes du centre de chaque poivron. Disposer les poivrons dans un plat allant au four, debout. (Couper le bas des poivrons si nécessaire pour qu'ils se tiennent debout.)

3. Dans une grande poêle, faire revenir le bœuf haché et les oignons à feu moyen-vif, environ 5 minutes, ou jusqu'à ce que le bœuf ne soit plus rose. À l'aide d'une cuillère à égoutter, transférer le bœuf à un bol de taille moyenne; incorporer le sel et le poivre. Incorporer les haricots et les piments; bien mélanger. Dans un petit bol, combiner la sauce aux tomates, le mélange d'assaisonnement à Sloppy Joes, la sauce aux piments forts, le cumin et l'assaisonnement au chili; bien mélanger. Verser le mélange de sauce aux tomates sur le mélange de viande et bien mélanger.

4. Remplir chaque poivron du mélange de viande et mettre les capuchons de poivron réservés par-dessus. À l'aide d'un pinceau à pâtisserie, badigeonner chaque poivron d'huile.

5. Faire cuire de 50 à 60 minutes ou jusqu'à ce que la garniture soit bien chaude et les poivrons, tendres. Servir chaud avec une cuillérée de crème sure (facultatif).

Note : Pour un choix végétarien, substituer le bœuf haché par une autre boîte de 455 ml (15 oz) de haricots pinto.

Ragoût au bacon, aux portobellos et au riz sauvage

Du début à la fin 18 minutes   **Donne** 6 portions

30 ml (2 c. à soupe) d'huile d'olive extra vierge

2 emballages de 180 g (6 oz) de champignons portobellos tranchés, coupés en morceaux de 2,5 cm (1 po)

5 ml (1 c. à thé) d'ail broyé en bouteille, de type Club House^MD

30 ml (2 c. à soupe) de xérès sec, de type Christian Brothers^MD

1 boîte de 425 ml (14 oz) de bouillon de bœuf, de type Swanson^MD

250 ml (1 tasse) d'eau

190 ml (¾ tasse) de sauce aux champignons, de type Heinz^MD Home Style

1 boîte de 186 g (6,2 oz) de riz à grain long et sauvage à cuisson rapide, de type Uncle Ben's^MD

190 ml (¾ tasse) de bacon véritable émietté, de type Hormel^MD

Persil plat frais, haché (facultatif)

1. Dans une grande casserole, faire chauffer l'huile à feu moyen-vif. Ajouter les champignons et l'ail; cuire 3 minutes en remuant. Ajouter le xérès et déglacer la casserole en raclant le fond. Ajouter le bouillon de bœuf, l'eau et la sauce aux champignons. Porter à ébullition. Ajouter le riz, le sachet d'assaisonnement et le bacon; porter à ébullition de nouveau. Couvrir; réduire à feu doux et laisser mijoter de 6 à 8 minutes.

2. Retirer du feu et laisser reposer, couvert, pendant 5 minutes. Servir chaud avec du persil haché (facultatif).

Paella au couscous

Préparation 10 minutes   **Cuisson** 5 minutes   **Donne** 8 portions

5 ml (1 c. à thé) d'huile d'olive extra vierge

1 contenant de 150 ml (5 oz) d'oignons en dés, de type Ready Pac^{MD}

5 ml (1 c. à thé) d'ail broyé en bouteille, de type Club House^{MD}

250 ml (1 tasse) de saucisse Andouille tranchée, de type Aidells^{MD}

1 boîte de 435 ml (14,5 oz) de tomates en dés, de type Muir Glen^{MD}

375 ml (1½ tasse) de petits pois avec oignons perlés congelés, de type C&W^{MD}

1 boîte de 425 ml (14 oz) de bouillon de légumes, de type Swanson^{MD}

15 ml (1 c. à soupe) de jus de citron congelé, décongelé, de type Minute Maid^{MD}

2,5 ml (½ c. à thé) de flocons de piment rouge, de type McCormick^{MD}

1 pincée de pistils de safran, de type McCormick^{MD}

1 boîte de 300 g (10 oz) de mélange à couscous, de type Near East^{MD}

375 ml (1½ tasse) de crevettes de taille moyenne équeutées congelées, décongelées, de type Contessa^{MD}

Sel et poivre noir moulu

1. Dans une grande poêle, faire chauffer l'huile à feu moyen-vif. Ajouter les oignons et l'ail; cuire en remuant pendant 2 minutes. Ajouter les saucisses et faire cuire 1 minute. Ajouter les tomates et les pois, et faire cuire pendant 2 minutes. Ajouter le bouillon de légumes, le jus de citron, les flocons de piment rouge et le safran.

2. Porter à ébullition; retirer du feu. Incorporer le mélange de couscous et les crevettes. Couvrir et laisser reposer de 5 à 7 minutes, ou jusqu'à ce que le couscous absorbe tout le liquide. Saler et poivrer au goût. Servir chaud.

Ragoût à la saucisse italienne

Du début à la fin 25 minutes   **Donne** 8 portions

2 emballages de 270 g (9 oz) de fettuccines fraîches nature ou aux épinards, de type BuitoniMD

30 ml (2 c. à soupe) d'huile d'olive extra vierge

1 emballage de 360 g (12 oz) de saucisses aux artichauts et à l'ail, de type AidellsMD

250 ml (1 tasse) d'oignons hachés congelés, de type Ore-IdaMD

10 ml (2 c. à thé) d'ail émincé en bouteille, de type Club HouseMD

250 ml (1 tasse) de bouillon de légumes, de type SwansonMD

1 bocal de 780 ml (26 oz) de sauce aux tomates, au basilic et à l'ail pour pâtes, de type PregoMD

1 boîte de 435 ml (14,5 oz) de tomates italiennes étuvées, de type Del MonteMD

1 navet de taille moyenne, pelé et coupé en dés

1 sac de 240 g (8 oz) de choux de Bruxelles, nettoyés et parés

500 ml (2 tasses) de fleurons de brocoli, du comptoir à salades

1. Dans une grande casserole d'eau salée bouillante, faire cuire les fettuccines selon les instructions sur l'emballage. Égoutter ; couvrir pour garder au chaud.

2. Pendant que les pâtes cuisent, faire chauffer l'huile dans une grande casserole à feu moyen-vif. Ajouter les saucisses ; faire cuire 5 minutes, ou jusqu'à ce qu'elles aient bruni de tous les côtés. Transférer les saucisses dans une assiette ; couvrir et réserver.

3. Ajouter les oignons et l'ail à la casserole ; faire cuire en remuant pendant 2 minutes. Ajouter le bouillon de légumes et déglacer la casserole en raclant le fond. Ajouter la sauce pour pâtes, les tomates étuvées et le navet. Porter à ébullition.

4. À l'aide d'un couteau aiguisé, faire un «x» à la base de chaque chou de Bruxelles ; ajouter à la casserole. Réduire le feu ; couvrir et laisser mijoter 10 minutes. Ajouter le brocoli et laisser mijoter, à découvert, 10 minutes de plus.

5. Couper la saucisse en tranches de 1,3 cm (½ po) et remettre à la sauce dans la casserole. Bien réchauffer. Servir la sauce sur les fettuccines.

Chili au porc barbecue

Préparation 10 minutes   **Cuisson** 30 minutes   **Donne** 6 portions

15 ml (1 c. à soupe) d'huile de canola

250 ml (1 tasse) d'oignons hachés congelés, de type Ore-Ida^{MD}

1 contenant de 540 g (18 oz) de porc barbecue effiloché, de type Lloyds^{MD}

15 ml (1 c. à soupe) de mélange d'ail en bouteille, de type Gourmet Garden^{MD}

2 boîtes de 500 ml (16 oz) de haricots pinto, égouttés, de type Bush's^{MD}

2 boîtes de 300 ml (10 oz) de tomates en dés avec piments verts, de type Ro*Tel^{MD}

250 ml (1 tasse) de bière, de type Budweiser^{MD}

125 ml (½ tasse) de sauce barbecue, de type Bull's-Eye^{MD}

30 ml (2 c. à soupe) de piment jalapeño en dés, de type La Victoria^{MD}

5 ml (1 c. à thé) de cumin moulu, de type Club House^{MD}

2,5 ml (½ c. à thé) d'assaisonnement au chili, de type Club House^{MD}

1. Dans une grande casserole, faire chauffer l'huile à feu moyen. Ajouter les oignons et faire cuire en remuant jusqu'à ce qu'ils soient tendres. Ajouter le porc effiloché et l'ail ; faire cuire environ 2 minutes, ou jusqu'à ce que le tout soit bien réchauffé.

2. Incorporer les haricots, les tomates, la bière, la sauce barbecue, le piment jalapeño, le cumin et l'assaisonnement au chili ; bien mélanger. Porter à ébullition ; réduire le feu. Laisser mijoter de 30 à 45 minutes, ou jusqu'à la consistance désirée ; remuer de temps en temps. Servir chaud.

Ragoût de poulet avec fenouil et champignons

Préparation 20 minutes   **Cuisson** 45 minutes   **Donne** 4 portions

3 grosses poitrines de poulet, désossées et sans peau

5 ml (1 c. à thé) de sel

5 ml (1 c. à thé) de poivre noir moulu

30 ml (2 c. à soupe) d'huile d'olive extra vierge

375 ml (1½ tasse) d'oignons hachés congelés, de type Ore-Ida^MD

250 ml (1 tasse) de carottes en tranches congelées, de type Birds Eye^MD

2 gros bulbes de fenouil, parés et finement tranchés sur la longueur (réserver le feuillage)

250 ml (1 tasse) de vin blanc sec ou de bouillon de poulet

1 l (4 tasses) de bouillon de poulet réduit en sodium, de type Swanson^MD

1 boîte de 322 ml (10,75 oz) de crème de champignons condensée, de type Campbell's^MD

1 paquet de 240 g (8 oz) de champignons bruns tranchés

15 ml (1 c. à soupe) de mélange d'ail en bouteille, de type Gourmet Garden^MD

Sel et poivre noir moulu

1. Couper le poulet en bouchées, et parsemer de 5 ml (1 c. à thé) de sel et 5 ml (1 c. à thé) de poivre. Dans une grande casserole ou un grand faitout, faire chauffer l'huile à feu moyen-vif. Ajouter le poulet; faire cuire en remuant environ 3 minutes ou jusqu'à ce qu'il ait bruni. Transférer le poulet à une assiette.

2. Ajouter les oignons, les carottes et le fenouil tranché à la casserole; cuire de 5 à 6 minutes ou jusqu'à ce que les légumes aient ramolli et soient légèrement dorés, en remuant sans arrêt. Ajouter le vin et déglacer la casserole en raclant le fond. Incorporer le bouillon de poulet, la crème de champignons, les champignons et l'ail; bien mélanger. Ajouter à la casserole le poulet et tout jus accumulé sur l'assiette.

3. Porter à ébullition; réduire à feu doux. Couvrir et laisser mijoter à feu doux de 45 à 50 minutes. Saler et poivrer au goût avant de servir. Servir avec le feuillage de fenouil réservé (facultatif).

Ragoût de dinde avec couvercles feuilletés

Mijoteuse de 5 l (20 tasses)   **Préparation** 5 minutes   **Cuisson** 4 à 5 heures (intensité élevée)   **Donne** 8 portions

RAGOÛT DE DINDE

2 boîtes de 300 ml (10 oz) de crème de poulet condensée, de type Campbell's^{MD}

250 à 500 ml (1 à 2 tasses) d'eau

10 ml (2 c. à thé) d'assaisonnement pour poulet sans sel ajouté, de type Club House^{MD} La Grille^{MD}

675 à 900 g (1½ à 2 lb) d'escalopes de dinde, coupées en bouchées

1 emballage de 500 ml (16 oz) de légumes mixtes congelés, de type C&W^{MD}

2 grosses pommes de terre rouges, en dés

1 oignon jaune moyen, haché

COUVERCLES FEUILLETÉS

1 feuille de pâte feuilletée congelée (la moitié d'un emballage de 520 g [17,3 oz]), décongelée au réfrigérateur, de type Pepperidge Farm^{MD}

1 œuf

5 ml (1 c. à thé) d'eau

1. Pour le ragoût, mélanger la crème de poulet, l'eau et l'assaisonnement pour poulet dans la mijoteuse. Ajouter la dinde, les légumes mixtes, les pommes de terre et l'oignon ; bien mélanger. Couvrir et faire cuire à intensité élevée de 4 à 5 heures.

2. Pour les couvercles feuilletés, préchauffer le four à 200 °C (400 °F) environ 30 minutes avant que le mélange de dinde soit prêt. Déplier la pâte décongelée ; à l'aide d'un rouleau à pâte cannelé ou d'un couteau effilé, couper la pâte en 3 morceaux sur les marques de pliage. Couper chaque morceau en tiers pour arriver à un total de 9 morceaux de pâte. Mettre la pâte sur une plaque à pâtisserie non graissée, à environ 2,5 cm (1 po) d'intervalle. Combiner l'œuf et l'eau ; badigeonner sur la pâte, en faisant attention de ne pas laisser tomber d'œuf sur la plaque à pâtisserie. Faire cuire environ 20 minutes, ou jusqu'à ce qu'ils soient bien gonflés et dorés.

3. Pour servir, verser le mélange chaud de dinde dans des bols et mettre les couvercles feuilletés par-dessus.

Chili à la dinde

Préparation 10 minutes   **Cuisson** 35 minutes   **Donne** 6 portions

900 g (2 lb) d'escalopes de dinde, coupées en bouchées

1 sachet de 37 g (1,25 oz) d'assaisonnement pour taco, de type **Club House**MD

30 ml (2 c. à soupe) d'huile de canola

190 ml (¾ tasse) d'oignons en dés, de type **Ready Pac**MD

1 boîte de 300 ml (10 oz) de tomates en dés avec piments verts, de type **Ro*Tel**MD

1 boîte de 240 ml (8 oz) de sauce aux tomates, de type **Contadina**MD

190 ml (¾ tasse) de bouillon de poulet, de type **Swanson**MD

125 ml (½ tasse) de sauce à tacos rouge, de type **La Victoria**MD

30 ml (2 c. à soupe) de sel à l'ail, de type **Club House**MD

1 boîte de 455 ml (15 oz) de haricots rouges, égouttés, de type **S&W**MD

1 boîte de 500 ml (16 oz) de haricots pinto, égouttés, de type **Bush's**MD

Sel et poivre noir moulu

375 ml (1½ tasse) de fromage cheddar râpé, de type **Kraft**MD

Feuilles de coriandre fraîche

Croustilles de tortillas écrasées (facultatif)

1. Assaisonner les escalopes de dinde avec l'assaisonnement pour taco ; réserver.

2. Dans une grande casserole, faire chauffer l'huile à feu moyen. Ajouter les oignons, faire cuire en remuant jusqu'à ce qu'ils soient tendres. Ajouter les morceaux de dinde. Faire cuire environ 5 minutes, ou jusqu'à ce qu'ils soient complètement cuits. Dans un grand bol, combiner les tomates en dés, la sauce aux tomates, le bouillon de poulet, la sauce à tacos et le sel à l'ail ; verser dans la casserole. Ajouter les haricots. Porter à ébullition ; réduire le feu. Laisser mijoter de 30 à 45 minutes en remuant de temps en temps.

3. Pour servir, saler et poivrer au goût. Garnir chaque portion de fromage râpé et de coriandre. Servir chaud accompagné des croustilles de tortillas écrasées (facultatif).

Accompagnements

Qu'il s'agisse d'une casserole crémeuse aux légumes, d'une salade de grains équilibrée, de pâtes fromagées ou de riz, ou d'une montagne de pommes de terre légères et moelleuses — les accompagnements font d'un plat principal un repas complet. Alliez n'importe lequel de ces accompagnements sans prétention à un plat principal comme du jambon, un poulet rôti, un bifteck ou des côtelettes pour rendre spécial même le repas le plus simple.

Casserole de zucchinis

Préparation 12 minutes   **Cuisson** 30 minutes   **Donne** 4 portions

Enduit antiadhésif, de type Pam^{MD}

60 ml (¼ tasse) de beurre non salé, fondu

30 ml (2 c. à soupe) d'huile d'olive

250 ml (1 tasse) d'oignons en dés, de type Ready
Pac^{MD}

1 kg (2 lb) de zucchinis, en tranches de 0,6 cm
(¼ po)

3 œufs

1 boîte de 150 ml (5 oz) de lait condensé, de type
Carnation^{MD}

250 ml (1 tasse) de fromage parmigiano reggiano,
râpé

30 ml (2 c. à soupe) de chapelure, de type
Progresso^{MD}

Flocons de piment rouge (environ 2,5 ml [½ c. à
thé]), de type McCormick^{MD}

5 ml (1 c. à thé) de sel kascher

5 ml (1 c. à thé) d'assaisonnement poivre et
citron, de type Club House^{MD}

1,25 ml (¼ c. à thé) de poivre noir moulu

1. Préchauffer le four à 180 °C (350 °F). Vaporiser un plat de 23 x 33 cm (9 x 13 po) allant au four d'enduit antiadhésif ; réserver.

2. Dans une grande poêle, faire fondre le beurre avec l'huile d'olive à feu moyen-vif. Ajouter les oignons et les zucchinis. Réduire à feu moyen. Couvrir et faire cuire de 5 à 7 minutes, ou jusqu'à ce que les oignons aient ramollis, en remuant de temps en temps. Retirer du feu et réserver.

3. Dans un bol moyen, mélanger les œufs et le lait condensé. Incorporer 125 ml (½ tasse) du fromage, la chapelure, les flocons de piment, le sel, l'assaisonnement poivre et citron, et le poivre noir. Incorporer le mélange de zucchinis et d'oignons. Transférer au plat préparé. Parsemer du fromage restant.

4. Faire cuire de 30 à 35 minutes, ou jusqu'à ce que le dessus soit doré.

Patates douces aux épices pour tarte à la citrouille

Préparation 5 minutes   **Cuisson** 30 minutes   **Donne** 4 portions

Enduit antiadhésif, de type Pam^{MD}

1 boîte de 870 ml (29 oz) de patates douces coupées, égouttées, de type Princella^{MD}

250 ml (1 tasse) de raisins secs dorés, de type Sun-Maid^{MD}

125 ml (½ tasse) de cassonade tassée, de type C&H^{MD}

10 ml (2 c. à thé) de poudre de cari, de type Club House^{MD}

10 ml (2 c. à thé) d'épices pour tarte à la citrouille, de type Club House^{MD}

2,5 ml (½ c. à thé) de sel

60 ml (¼ tasse) d'amandes ou de pistaches effilées, de type Planters^{MD}

30 ml (2 c. à soupe) de beurre

1. Préchauffer le four à 180 °C (350 °F). Vaporiser légèrement un plat de 1 l (4 tasses) allant au four d'enduit antiadhésif ; réserver.

2. Dans un grand bol, combiner les patates douces et les raisins secs dorés ; réserver.

3. Dans un petit bol, combiner la cassonade, la poudre de cari, les épices pour tarte à la citrouille et le sel. Incorporer aux patates douces ; bien mélanger. Transférer au plat préparé. Garnir des amandes ou des pistaches effilées, et parsemer de noix de beurre. Faire cuire 30 minutes.

Soufflé aux patates douces et au riz

Préparation 10 minutes   **Cuisson** 35 minutes   **Donne** 6 portions

1 sac de 720 g (24 oz) de patates douces congelées, de type Ore-Ida^{MD} Steam n' Mash^{MD}

2 emballages de 264 ml (8,8 oz) de riz au beurre précuit, de type Uncle Ben's^{MD} Ready Rice

2 boîtes de 240 ml (8 oz) d'ananas broyés, de type Dole^{MD}

2 œufs, légèrement battus

250 ml (1 tasse) de crème 11,5 % M.G.

30 ml (2 c. à soupe) de cassonade foncée tassée, de type C&H^{MD}

5 ml (1 c. à thé) d'épices pour tarte à la citrouille, de type Club House^{MD}

5 ml (1 c. à thé) de sel kascher

2,5 ml (½ c. à thé) de poivre noir moulu

60 ml (¼ tasse) de pacanes, grossièrement hachées, de type Planters^{MD}

1. Préchauffer le four à 180 °C (350 °F). Vaporiser légèrement un plat à soufflé de 1,5 l (6 tasses) ou 6 plats à soufflé individuels de 500 ml (2 tasses) d'enduit antiadhésif.

2. Au micro-ondes, faire cuire les patates douces et le riz séparément selon les instructions des emballages. Ne pas piler les patates douces. Disposer la moitié des patates douces, 1 boîte d'ananas et 1 emballage de riz dans le ou les plats préparés. Répéter les couches.

3. Dans un bol moyen, combiner les œufs, la crème 11,5 % M.G., la cassonade, les épices pour tarte à la citrouille, le sel et le poivre; verser sur le ou les plats.

4. Faire cuire 25 minutes; parsemer les pacanes sur le dessus. Faire cuire de 10 à 15 minutes de plus (5 minutes pour les soufflés individuels) ou jusqu'à ce qu'ils soient légèrement gonflés. Servir immédiatement.

Pilaf de boulgour avec légumes

Préparation 20 minutes   **Repos** 20 minutes   **Donne** 5 portions

45 ml (3 c. à soupe) de beurre

250 ml (1 tasse) d'oignons congelés, de type Ore-IdaᴹᴰÀ

5 ml (1 c. à thé) d'ail broyé en bouteille, de type Club Houseᴹᴰ

500 ml (2 tasses) de mélange de légumes congelé, décongelé, de type C&Wᴹᴰ Ultimate Tuscan Blend

1 boîte de 157 ml (5,25 oz) de mélange de boulgour de blé (réserver 10 ml [2 c. à thé] du sachet de fines herbes), de type Near Eastᴹᴰ

250 ml (1 tasse) de bouillon de poulet, de type Swansonᴹᴰ

60 ml (¼ tasse) d'amandes effilées, de type Plantersᴹᴰ

Sel et poivre noir moulu

1. Préchauffer le four à 180 °C (350 °F). Tapisser une plaque à pâtisserie de papier d'aluminium ; réserver.

2. Dans une poêle moyenne, faire fondre le beurre à feu moyen-vif. Ajouter les oignons et l'ail. Faire cuire 2 minutes. Ajouter le mélange de légumes et cuire 2 minutes. Ajouter le mélange de boulgour et 10 ml (2 c. à thé) du sachet de fines herbes, et cuire 1 minute. Ajouter le bouillon de poulet. Porter à ébullition ; retirer du feu. Couvrir et laisser reposer 20 minutes, ou jusqu'à ce que le liquide soit absorbé.

3. Entre-temps, étaler une couche uniforme d'amandes sur la plaque à pâtisserie préparée. Faire cuire de 8 à 10 minutes, ou jusqu'à ce que les noix soient odorantes et dorées, en remuant 1 fois. Incorporer les amandes rôties au pilaf. Saler et poivrer au goût. Servir chaud.

Gratin aux haricots noirs et au riz

Préparation 15 minutes   **Cuisson** 30 minutes   **Donne** 5 portions

Enduit antiadhésif, de type Pam^{MD}

500 ml (2 tasses) de bouillon de poulet réduit en sodium, de type Swanson^{MD}

1 emballage de 168 ml (5,6 oz) de mélange de riz espagnol, de type Lipton^{MD} Fiesta Sides

15 ml (1 c. à soupe) d'huile d'olive extra vierge

750 ml (3 tasses) de zucchinis jaunes et verts congelés, décongelés, de type C&W^{MD}

1 boîte de 300 ml (10 oz) de tomates en dés avec piments verts, égouttées, de type Ro*Tel^{MD}

15 ml (1 c. à soupe) d'assaisonnement à fajita, de type McCormick^{MD}

Sel et poivre noir moulu

1 boîte de 500 ml (16 oz) de haricots noirs frits, de type Rosarita^{MD}

375 ml (1½ tasse) de mélange mexicain de 4 fromages râpés, de type Sargento^{MD}

1. Préchauffer le four à 180 °C (350 °F). Vaporiser un plat allant au four de 1,5 l (6 tasses) d'enduit antiadhésif ; réserver.

2. Dans une casserole moyenne, combiner le bouillon, le mélange de riz et l'huile d'olive. Porter à ébullition ; réduire le feu. Couvrir et laisser mijoter de 6 à 8 minutes, ou jusqu'à ce que tout le liquide soit absorbé. Retirer du feu.

3. Entre-temps, mélanger les zucchinis, les tomates en dés et l'assaisonnement à fajita dans un bol moyen. Saler et poivrer au goût ; réserver.

4. Étendre les haricots au fond du plat préparé et garnir de 190 ml (¾ tasse) du fromage. Disposer la moitié du mélange de zucchinis sur le fromage. Déposer ensuite le riz cuit par-dessus. Mettre le restant du mélange de zucchinis par-dessus et parsemer des 190 ml (¾ tasse) restants de fromage.

5. Faire cuire de 30 à 35 minutes, ou jusqu'à ce que le tout soit bien réchauffé. Servir chaud.

Haricots à la bière au four

Préparation 20 minutes   **Cuisson** 45 minutes   **Donne** 8 portions

115 g (4 oz) de bacon, haché, de type Farmer John^{MD}

1 oignon rouge moyen, en dés

2 boîtes de 796 ml (28 oz) de haricots au four, de type Bush's^{MD} Original

1 bouteille de 355 ml (12 oz) de bière de type lager

60 ml (¼ tasse) de ketchup, de type Heinz^{MD}

60 ml (¼ tasse) de moutarde brune épicée, de type Gulden's^{MD}

45 ml (3 c. à soupe) de mélasse, de type Grandma's^{MD}

1. Préchauffer le four à 200 °C (400 °F).

2. Dans une grande casserole, faire cuire le bacon à feu moyen jusqu'à ce qu'il soit légèrement cuit mais pas croustillant. Retirer le bacon à l'aide d'une cuillère à égoutter et mettre dans un petit bol ; réserver. Réserver le gras de bacon dans la casserole.

3. Faire cuire les oignons dans le gras de bacon jusqu'à ce qu'ils aient ramolli. Incorporer le bacon cuit, les haricots, la bière, le ketchup, la moutarde et la mélasse. Porter à ébullition ; réduire le feu. Laisser mijoter 10 minutes. À l'aide d'une louche, délicatement transférer dans un plat allant au four de 2 l (8 tasses). Mettre le plat sur une plaque à pâtisserie tapissée de papier d'aluminium.

4. Faire cuire de 45 à 60 minutes, ou jusqu'à ce que les haricots aient atteint la consistance désirée.

Gratin de pommes de terre en escalopes et en purée

Préparation 20 minutes   **Cuisson** 35 minutes   **Donne** 6 portions

Enduit antiadhésif, de type Pam^{MD}

1 sac de 720 g (24 oz) de pommes de terre rouges coupées, congelées, de type Ore-Ida^{MD} Steam n' Mash^{MD}

80 ml (⅓ tasse) de lait condensé, de type Carnation^{MD}

15 ml (1 c. à soupe) de mélange pour soupe à l'oignon, de type Lipton^{MD}

45 ml (3 c. à soupe) de beurre

375 ml (1½ tasse) de mélange de fromages colby et Monterey Jack râpés, de type Sargento^{MD}

125 ml (½ tasse) d'oignons hachés congelés, de type Ore-Ida^{MD}

60 ml (¼ tasse) de morceaux de bacon véritable, de type Hormel^{MD}

250 ml (1 tasse) de crème riche en matière grasse

1 pincée de muscade moulue, de type Club House^{MD}

Sel et poivre noir moulu

60 ml (¼ tasse) de chapelure, de type Progresso^{MD}

2,5 ml (½ c. à thé) de paprika, de type Club House^{MD}

1. Préchauffer le four à 180 °C (350 °F). Vaporiser légèrement un plat de 1,5 l (6 tasses) allant au four d'enduit antiadhésif ; réserver.

2. Faire cuire les pommes de terre au micro-ondes selon les instructions sur l'emballage. Dans un bol, piler la moitié des pommes de terre avec le lait, le mélange pour soupe et 15 ml (1 c. à soupe) du beurre. Étendre les pommes de terre pilées uniformément dans le fond du plat préparé. Parsemer 125 ml (½ tasse) du fromage, la moitié des oignons et la moitié du bacon sur les pommes de terre pilées. Ajouter uniformément la moitié des pommes de terre non pilées. Répéter les couches de fromage, d'oignons et de bacon. Terminer avec les pommes de terre non pilées restantes.

3. Dans une petite casserole, faire chauffer la crème, la muscade, le sel et le poivre au goût à feu moyen, juste avant le point d'ébullition ; verser sur les pommes de terre. Parsemer les 125 ml (½ tasse) restants du fromage par-dessus. Dans un petit bol, mélanger la chapelure et le paprika. Faire fondre les 30 ml (2 c. à soupe) restants du beurre ; incorporer à la chapelure. Parsemer la chapelure sur la casserole.

4. Faire cuire de 35 à 45 minutes, ou jusqu'à ce que le dessus bouillonne et soit doré.

Tarte crémeuse au jambon

Préparation 15 minutes   **Cuisson** 20 minutes + 25 minutes   **Griller** 3 minutes   **Refroidir** 10 minutes   **Donne** 8 portions

1 feuille de pâte feuilletée congelée, décongelée, de type Pepperidge Farm^{MD}

250 ml (1 tasse) de sauce blanche en boîte, de type Aunt Penny's^{MD}

250 ml (1 tasse) de jambon en dés, de type John Morrell^{MD}

125 ml (½ tasse) de fromage cheddar fort, de type Sargento^{MD}

1,25 ml (¼ c. à thé) de muscade moulue, de type Club House^{MD}

Sel et poivre noir moulu

310 ml (1¼ tasse) de fromage gruyère râpé

1. Préchauffer le four à 200 °C (400 °F).

2. Dérouler la feuille de pâte feuilletée et replier 5 cm (2 po) de chaque coin vers le centre de la feuille. Abaisser la feuille en un cercle de 25 cm (10 po) à l'aide d'un rouleau à pâtisserie. Presser la pâte dans un moule à tarte de 23 cm (9 po) allant au gril. Presser une feuille de papier d'aluminium sur le fond et les côtés de la pâte feuilletée. Remplir le moule à tarte de poids à tarte ou de haricots séchés.

3. Faire cuire de 15 à 18 minutes. Retirer du four, et enlever les poids à tarte et le papier d'aluminium. (Appuyer délicatement sur le centre de la pâte si elle se soulève après avoir enlevé les poids.) Remettre au four et cuire de 5 à 8 minutes de plus, ou jusqu'à ce qu'elle soit dorée. Retirer du four et laisser refroidir complètement.

4. Réduire la température du four à 180 °C (350 °F).

5. Dans un grand bol, bien mélanger la sauce blanche, le jambon, le fromage cheddar et la muscade. Saler et poivrer au goût. Remplir la croûte refroidie du mélange de jambon. Parsemer de gruyère.

6. Faire cuire de 25 à 30 minutes, ou jusqu'à ce que le tout soit bien chaud. Retirer du four.

7. Préchauffer le gril. Recouvrir les bords de la tarte de papier d'aluminium. Griller la tarte à 15 cm (6 po) de l'élément chauffant de 3 à 5 minutes, ou jusqu'à ce que le fromage soit bouillonnant et bien doré. Retirer et laisser refroidir 10 minutes. Couper et servir chaud.

Gruau de maïs au four style Sud-Ouest

Préparation 10 minutes   **Cuisson** 35 minutes   **Donne** 8 portions

Enduit antiadhésif, de type Pam^{MD}

2 tubes de 500 ml (16 oz) de gruau de maïs style
du Sud, de type San Gennaro^{MD}

45 ml (3 c. à soupe) de crème riche en matière
grasse

1 boîte de 300 ml (10 oz) de tomates en dés
assaisonnées avec piments verts, égouttées,
de type Ro*Tel^{MD}

1 boîte de 125 ml (4 oz) de piments verts en dés,
de type Ortega^{MD}

190 ml (¾ tasse) de Mexicorn, de type Géant
Vert^{MD}

375 ml (1½ tasse) de mélange mexicain de
4 fromages râpés, de type Sargento^{MD}

Sel et poivre noir moulu

1. Préchauffer le four à 180 °C (350 °F). Vaporiser un plat allant au four de 2,5 l (10 tasses) d'enduit antiadhésif; réserver.

2. Dans un grand bol, défaire le gruau en prenant soin de décomposer tout morceau entier. Incorporer la crème, les tomates, les piments verts, le Mexicorn et 250 ml (1 tasse) du fromage. Saler et poivrer au goût. Verser dans le plat préparé. Couvrir des 125 ml (½ tasse) restants du fromage.

3. Faire cuire de 35 à 40 minutes, ou jusqu'à ce que le tout soit bien chaud. Servir chaud.

Haricots verts au sésame

Du début à la fin 15 minutes   **Donne** 4 portions

10 ml (2 c. à thé) d'huile de sésame grillé

10 ml (2 c. à thé) d'huile de canola

1 boîte de 300 ml (10 oz) de haricots verts congelés,
    décongelés et égouttés, de type Géant Vert^{MD}

15 ml (1 c. à soupe) de sauce soya, de type Kikkoman^{MD}

15 ml (1 c. à soupe) de graines de sésame, rôties, de type
    Club House^{MD}

1. Dans une grande poêle à fond épais, faire chauffer l'huile de sésame et l'huile de canola à feu moyen-vif. Ajouter les haricots. Faire cuire environ 10 minutes, ou jusqu'à ce que les haricots soient légèrement dorés. Incorporer la sauce soya.

2. Transférer à un plat de service et garnir des graines de sésame rôties.

Risotto aux champignons et aux pignons

Du début à la fin 30 minutes   **Donne** 6 portions

375 ml (1½ tasse) de vin blanc

500 ml (2 tasses) de bouillon de légumes, de type Swanson^{MD}

250 ml (1 tasse) de lait

2 boîtes de 165 g (5,5 oz) de mélange pour risotto aux légumes du
    jardin, de type Buitoni^{MD}

2 boîtes de 135 ml (4,5 oz) de champignons tranchés, égouttés, de
    type Géant Vert^{MD}

125 ml (½ tasse) de pignons, rôtis

125 ml (½ tasse) de fromage parmesan râpé, de type DiGiorno^{MD}

30 ml (2 c. à soupe) de beurre

Fromage parmesan râpé

1. Dans une casserole moyenne, combiner le vin, le bouillon de légumes et le lait. Porter à ébullition à feu vif. Incorporer le mélange pour risotto ainsi que les sachets d'assaisonnement et les champignons. Réduire le feu. Laisser mijoter, à découvert, de 20 à 24 minutes, en remuant fréquemment. Retirer du feu. Incorporer les pignons, le fromage parmesan et le beurre. Saupoudrer de fromage parmesan supplémentaire. Servir immédiatement.

Pâtes

Des études suggèrent que manger des glucides améliore l'humeur. Il n'est pas surprenant, alors, que tout autour du globe, l'un des repas les plus réconfortants est une bonne assiette de nouilles. Après quelques savoureuses bouchées de pâtes parfaitement cuites — qu'elles soient enrobées de sauce ou bien nichées dans une casserole bouillonnante et crémeuse —, vous ne pouvez que vous sentir mieux.

Ziti au four avec poulet et champignons

Préparation 20 minutes   **Cuisson** 15 minutes   **Donne** 6 portions

Enduit antiadhésif, de type Pam^{MD}

1 boîte de 500 g (16 oz) de ziti, de type Ronzoni^{MD}

45 ml (3 c. à soupe) de beurre

1 boîte de 240 ml (8 oz) de champignons tranchés

190 ml (¾ tasse) d'oignons hachés congelés, de type Ore-Ida^{MD}

310 ml (1¼ tasse) de crème 11,5 % M.G. ou légère

1 sachet de 37,5 g (1,25 oz) de mélange à sauce Alfredo à l'ail, de type Club House^{MD}

30 ml (2 c. à soupe) de xérès sec, de type Christian Brothers^{MD}

1 boîte de 322 ml (10,75 oz) de crème de champignons condensée, de type Campbell's^{MD}

2 emballages de 180 g (6 oz) de lanières de poulet grillé, coupées en bouchées, de type Foster Farms^{MD}

500 ml (2 tasses) de fromage mozzarella râpé, de type Sargento^{MD}

Sel et poivre noir moulu

60 ml (¼ tasse) de fromage parmesan râpé, DiGiorno^{MD}

1. Préchauffer le four à 190 °C (375 °F). Vaporiser un plat de 23 x 33 cm (9 x 13 po) allant au four d'enduit antiadhésif ; réserver.

2. Dans une grande casserole d'eau salée bouillante, faire cuire les ziti selon les instructions de l'emballage. Égoutter et réserver.

3. Dans une grande poêle, faire chauffer le beurre à feu moyen. Ajouter les champignons et les oignons ; faire cuire de 5 à 7 minutes en remuant. Incorporer la crème 11,5 % M.G., le mélange pour sauce et le xérès. Porter à ébullition ; réduire le feu. Incorporer la crème de champignons. Laisser mijoter de 3 à 5 minutes ; retirer du feu. Incorporer les pâtes cuites, le poulet et 250 ml (1 tasse) du fromage mozzarella ; bien mélanger. Saler et poivrer au goût. Transférer au plat préparé et parsemer des 250 ml (1 tasse) restants du fromage mozzarella et du fromage parmesan.

4. Faire cuire de 15 à 20 minutes, ou jusqu'à ce que le fromage soit fondu. Servir chaud.

Gratin de pâtes cajun

Préparation 20 minutes   **Cuisson** 30 minutes   **Donne** 6 portions

Enduit antiadhésif, de type Pam^{MD}

1 boîte de 500 ml (16 oz) de pennes, de type
    Barilla^{MD}

375 ml (1½ tasse) de viande venant de restants
    (poulet, dinde, porc ou fruits de mer),
    hachée

15 ml (1 c. à soupe) d'assaisonnement cajun, de
    type Club House^{MD}

1 bocal de 500 ml (16 oz) de sauce Alfredo et ail,
    de type Classico^{MD}

1 boîte de 435 ml (14,5 oz) de tomates en dés
    avec poivrons verts et oignons, égouttées, de
    type S&W^{MD}

190 ml (¾ tasse) de lait

125 ml (½ tasse) de fromage parmesan râpé, de
    type DiGiorno^{MD}

125 ml (½ tasse) de chapelure assaisonnée,
    type Progresso^{MD}

15 ml (1 c. à soupe) d'huile d'olive extra vierge

1. Préchauffer le four à 180 °C (350 °F). Vaporiser légèrement un plat allant au four de 3 l (12 tasses) d'enduit antiadhésif; réserver. Dans une grande casserole d'eau salée bouillante, cuire les pâtes selon les instructions sur l'emballage; égoutter.

2. Dans un grand bol, mélanger la viande à 7,5 ml (1½ c. à thé) de l'assaisonnement cajun. Incorporer la sauce Alfredo, les tomates, le lait, le fromage parmesan et l'assaisonnement cajun restant; bien mélanger. Ajouter les pâtes cuites et remuer pour bien enrober. Transférer au plat préparé. Dans un petit bol, mélanger la chapelure et l'huile d'olive; parsemer sur la casserole.

3. Faire cuire de 30 à 40 minutes, ou jusqu'à ce que le dessus soit doré et bouillonnant sur les bords. Servir chaud.

Macaroni au fromage et au poulet

Préparation 20 minutes   **Cuisson** 20 minutes   **Donne** 4 portions

1 emballage de 378 g (12,6 oz) de mélange pour macaroni au fromage à l'ancienne avec sauce aux fromages parmesan et romano, de type Kraft^{MD} Homestyle Deluxe

180 g (4 oz) de fromage à la crème, ramolli, de type Philadelphia^{MD}

125 ml (½ tasse) de lait

2,5 ml (½ c. à thé) de sel à l'ail, de type Club House^{MD}

1,25 ml (¼ c. à thé) de poivre noir moulu

500 ml (2 tasses) de carottes tranchées congelées, de type Birds Eye^{MD}

375 ml (1½ tasse) de poulet de rôtisserie en dés

60 ml (¼ tasse) de chapelure nature, de type Progresso^{MD}

60 ml (¼ tasse) de fromage parmesan râpé, de type Kraft^{MD}

30 ml (2 c. à soupe) de beurre, fondu

1. Préchauffer le four à 190 °C (375 °F). Retirer la garniture à la chapelure de l'emballage pour macaroni au fromage ; réserver pour une autre utilisation.

2. Dans une grande casserole, porter 1,5 l (6 tasses) d'eau à ébullition. Incorporer le macaroni et faire cuire 7 minutes en remuant de temps en temps. Égoutter.

3. Dans un bol moyen allant au micro-ondes, combiner le contenu de la pochette de sauce au fromage, le fromage à la crème, le lait, le sel à l'ail et le poivre. Faire cuire au micro-ondes à intensité élevée de 1½ à 2 minutes ou jusqu'à ce que la sauce soit onctueuse, en remuant aux 20 secondes.

4. Dans un grand bol, combiner le macaroni, les carottes et le poulet. Incorporer la sauce et remuer jusqu'à ce que le tout soit bien mélangé. Transférer dans un plat allant au four de 2 l (8 tasses).

5. Dans un petit bol, mélanger la chapelure, le parmesan et le beurre fondu ; parsemer sur la casserole. Faire cuire de 20 à 25 minutes, ou jusqu'à ce que le tout soit bouillonnant et doré.

Fettuccines au poulet

Du début à la fin 25 minutes   **Donne** 4 portions

1 boîte de 500 g (16 oz) de fettuccines, de type
Barillaᴹᴰ

15 ml (1 c. à soupe) d'huile d'olive extra vierge

15 ml (1 c. à soupe) de purée d'ail en bouteille, de
type Gourmet Gardenᴹᴰ

2 boîtes de 455 ml (15 oz) de tomates rôties au
feu avec ail, de type Hunt'sᴹᴰ

500 ml (2 tasses) de poulet de charcuterie,
effiloché

125 ml (½ tasse) d'olives noires tranchées, de
type Early Californiaᴹᴰ

125 ml (½ tasse) d'olives vertes farcies aux
piments, de type Early Californiaᴹᴰ

5 ml (1 c. à thé) d'assaisonnement à l'italienne, de
type Club Houseᴹᴰ

10 feuilles de basilic frais, coupées en minces
lanières

Fromage parmesan râpé, de type DiGiornoᴹᴰ

1. Dans une grande casserole d'eau salée bouillante, faire cuire les pâtes selon les instructions sur l'emballage. Égoutter, et réserver 190 ml (¾ tasse) d'eau des pâtes.

2. Pendant que les pâtes cuisent, faire chauffer l'huile dans une grande poêle. Ajouter l'ail ; faire cuire en remuant pendant 1 minute. Ajouter les tomates, le poulet, les olives et l'assaisonnement à l'italienne. Incorporer de 125 à 190 ml (½ à ¾ tasse) d'eau de pâtes, jusqu'à l'obtention de l'épaisseur désirée. Réchauffer complètement. Incorporer le basilic. Servir la sauce sur les fettuccines chaudes et parsemer chaque portion de fromage parmesan.

Orecchiettes et fleurons

Préparation 20 minutes   **Cuisson** 25 minutes   **Donne** 6 portions

1 boîte de 500 g (16 oz) d'orecchiettes, de type De Cecco^{MD}

500 ml (2 tasses) de viande venant de restants (poulet, dinde, porc ou fruits de mer), hachée

1 bocal de 500 ml (16 oz) de sauce **Alfredo** aux 4 fromages, de type **Classico**^{MD}

1 sac de 500 g (16 oz) de brocoli et chou-fleur congelés, décongelés, de type **Birds Eye**^{MD}

250 ml (1 tasse) de lait

750 ml (3 tasses) de fromage mozzarella râpé, de type **Sargento**^{MD}

Sel et poivre noir moulu

60 ml (¼ tasse) de fromage parmesan râpé, de type **DiGiorno**^{MD}

60 ml (¼ tasse) de chapelure assaisonnée, de type **Progresso**^{MD}

30 ml (2 c. à soupe) d'huile d'olive extra vierge

1. Préchauffer le four à 200 °C (400 °C). Vaporiser un plat de 23 x 33 cm (9 x 13 po) allant au four d'enduit antiadhésif ; réserver.

2. Dans une grande casserole d'eau salée bouillante, faire cuire les pâtes selon les instructions sur l'emballage ; égoutter et remettre les pâtes dans la casserole. Incorporer la viande hachée, la sauce Alfredo, les légumes décongelés et le lait. Incorporer la mozzarella jusqu'à ce que le tout soit bien mélangé ; saler et poivrer au goût.

3. Transférer le mélange de pâtes au plat préparé. Dans un petit bol, mélanger le parmesan, la chapelure et l'huile d'olive ; parsemer sur les pâtes. Faire cuire de 25 à 30 minutes, ou jusqu'à ce que le tout soit doré et bouillonnant. Servir chaud.

Remarque : En italien, *orecchio* est le mot pour « oreille ». Les orecchiettes ressemblent à de « petites oreilles ».

Gratin de pâtes à la courge musquée et à la ricotta

Préparation 20 minutes   **Cuisson** 20 minutes   **Donne** 6 portions

Enduit antiadhésif, de type Pamᴹᴰ

1 boîte de 500 g (16 oz) de fettuccines, de type Barillaᴹᴰ

60 ml (¼ tasse) de beurre

2 sacs de 250 g (8 oz) de courge musquée, coupée en morceaux de 1,2 cm (½ po), de type Earth Exoticᴹᴰ

310 ml (1¼ tasse) de bouillon de poulet, de type Swansonᴹᴰ

125 ml (½ tasse) de lait

1 sachet de 48 g (1,6 oz) de mélange pour sauce à l'ail et aux fines herbes, de type Knorrᴹᴰ

110 g (4 oz) de fromage à la crème, ramolli, de type Philadelphiaᴹᴰ

250 ml (1 tasse) de ricotta, de type Preciousᴹᴰ

10 ml (2 c. à thé) de feuilles de sauge, de type Club Houseᴹᴰ

250 ml (1 tasse) de mélange de 3 fromages râpés, de type DiGiornoᴹᴰ

Persil plat frais, haché (facultatif)

1. Préchauffer le four à 180 °C (350 °F). Vaporiser un plat allant au four de 2,5 l (10 tasses) d'enduit antiadhésif; réserver.

2. Dans une grande casserole d'eau salée bouillante, faire cuire les pâtes 1 minute de moins que ce qui est indiqué sur l'emballage. Égoutter et réserver.

3. Dans une grande poêle, faire fondre le beurre à feu moyen. Ajouter la courge musquée; cuire en remuant environ 4 minutes, ou jusqu'à ce que la courge soit légèrement caramélisée. Incorporer le bouillon de poulet, le lait et le mélange pour sauce. Porter à ébullition en remuant de temps en temps. Réduire le feu et laisser mijoter 2 minutes. Retirer du feu.

4. Ajouter les pâtes cuites à la poêle; mélanger pour bien enrober les pâtes. Transférer le mélange de pâtes et courge au plat à casserole préparé.

5. Dans un bol moyen, mélanger le fromage à la crème, la ricotta et la sauge. Déposer des cuillérées du mélange de ricotta sur les pâtes. Parsemer le fromage râpé par-dessus. Recouvrir le plat de papier d'aluminium en serrant bien.

6. Faire cuire 15 minutes, ou jusqu'à ce que le mélange de ricotta soit bien chaud et que le fromage soit fondu. Découvrir et faire cuire 5 minutes de plus, ou jusqu'à ce que le fromage soit doré. Garnir de persil haché (facultatif).

Pâtes aux portobellos

Préparation 25 minutes   **Cuisson** 45 minutes   **Donne** 6 portions

Enduit antiadhésif, de type Pam^{MD}

1 boîte de 500 g (16 oz) de rigatonis, de type
  Barilla^{MD}

3 gros champignons portobellos

30 ml (2 c. à soupe) d'huile d'olive extra vierge

250 ml (1 tasse) d'oignons hachés congelés, de
  type Ore-Ida^{MD}

15 ml (1 c. à soupe) de purée d'ail en bouteille, de
  type Garden Gourmet^{MD}

1 bocal de 780 ml (26 oz) de sauce marinara avec
  vin rouge, de type Newman's Own^{MD}

375 ml (1½ tasse) de viande venant de restants
  (poulet, dinde, porc, jambon, saucisses ou
  bœuf), hachée

1,25 ml (¼ c. à thé) de flocons de piment rouge,
  de type McCormick^{MD}

750 ml (3 tasses) de fromage mozzarella râpé, de
  type Sargento^{MD}

1 contenant de 455 ml (15 oz) de ricotta faible en
  gras, de type Precious^{MD}

1. Préchauffer le four à 200 °C (400 °F). Vaporiser légèrement un plat de 23 x 33 cm (9 x 13 po) allant au four d'enduit antiadhésif; réserver.

2. Dans une grande casserole d'eau salée bouillante, faire cuire les pâtes selon les instructions sur l'emballage; égoutter et remettre les pâtes dans la casserole.

3. Pendant que les pâtes cuisent, retirer les tiges et les lamelles des champignons, et les hacher ensuite grossièrement. Dans une grande poêle, faire chauffer l'huile à feu moyen-vif. Ajouter les champignons hachés, les oignons et l'ail; cuire en remuant de 5 à 7 minutes, ou jusqu'à ce que les champignons soient mous. Incorporer la sauce marinara, la viande hachée et les flocons de piment rouge. Porter à ébullition. Retirer du feu et incorporer aux pâtes cuites; ajouter 500 ml (2 tasses) de mozzarella. Déposer la ricotta par cuillérées dans la casserole et incorporer délicatement.

4. Transférer au plat préparé et parsemer du fromage mozzarella restant. Couvrir lâchement le plat de papier d'aluminium. Faire cuire 35 minutes. Retirer le papier d'aluminium et continuer la cuisson environ 10 minutes de plus, ou jusqu'à ce que le fromage soit doré et bouillonnant. Servir chaud.

Pennes avec saucisses

Du début à la fin 25 minutes   **Donne** 4 portions

I boîte de 500 g (16 oz) de pennes, de type Barilla^{MD}

30 ml (2 c. à soupe) d'huile d'olive extra vierge

I petit oignon, en dés

15 ml (I c. à soupe) d'assaisonnement à l'italienne, de type Club House^{MD}

10 ml (2 c. à thé) d'ail émincé en bouteille, de type Club House^{MD}

1,25 ml (¼ c. à thé) de flocons de piment rouge (facultatif), de type McCormick^{MD}

4 saucisses italiennes de porc fortes, cuites et coupées en tranches de 1,3 cm (½ po)

I boîte de 796 ml (28 oz) de tomates broyées, de type Hunt's^{MD}

60 ml (¼ tasse) de crème 35 % M.G.

Sel kascher et poivre noir moulu

30 ml (2 c. à soupe) de basilic frais, haché

1. Dans une grande casserole d'eau salée bouillante, faire cuire les pâtes selon les instructions sur l'emballage ; égoutter.

2. Dans une grande poêle à fond épais, faire chauffer l'huile d'olive à feu moyen-vif. Ajouter les oignons, le mélange d'assaisonnement à l'italienne, l'ail et les flocons de piment rouge (si utilisés) ; faire cuire de 3 à 4 minutes, ou jusqu'à ce que les oignons soient ramollis et odorants, en remuant fréquemment. Ajouter les saucisses et cuire I minute. Incorporer les tomates. Couvrir et laisser mijoter 10 minutes. Incorporer la crème. Saler et poivrer au goût. Incorporer les pâtes à la sauce dans la poêle. Parsemer de basilic frais.

Pain à l'ail gratiné

Préparation 10 minutes   **Cuisson** 10 minutes   **Donne** 4 portions

I pain à l'ail acheté en épicerie

250 ml (I tasse) de fromage mozzarella râpé, de type Kraft^{MD}

2,5 ml (½ c. à thé) d'assaisonnement à l'italienne, de type Club House^{MD}

1. Préchauffer le four à 200 °C (400 °F).

2. Parsemer le fromage et l'assaisonnement à l'italienne sur le pain à l'ail. Mettre sur une plaque à pâtisserie tapissée de papier d'aluminium. Faire cuire de 10 à 12 minutes, ou jusqu'à ce que le fromage soit fondu et que le pain soit bien chaud. Trancher et servir.

Lasagne de raviolis

Mijoteuse de 5 l (20 tasses) **Préparation** 15 minutes **Cuisson** 4 heures (intensité faible) **Donne** 4 portions

Enduit antiadhésif, de type Pam^MD

450 g (1 lb) de saucisse italienne hachée, de type Johnsonville^MD

15 ml (1 c. à soupe) de purée d'ail en bouteille, Gourmet Garden^MD

1 bocal de 780 ml (26 oz) de sauce marinara avec champignons, de type Newman's Own^MD

1 sac de 780 g (26 oz) de gros raviolis congelés, de type Celentano^MD

500 ml (2 tasses) de mélange de 6 fromages italiens, de type Sargento^MD

1. Vaporiser l'intérieur de la mijoteuse d'enduit antiadhésif.

2. Dans une grande poêle, faire brunir la saucisse avec l'ail à feu moyen. Étaler 250 ml (1 tasse) de sauce marinara dans le fond de la mijoteuse. Disposer uniformément ⅓ des raviolis dans la mijoteuse. Mettre la moitié de la saucisse, 190 ml (¾ tasse) de fromage et 125 ml (½ tasse) de sauce par-dessus. Répéter les couches et finir avec le ⅓ restant de raviolis. Étaler le reste de la sauce par-dessus et parsemer du reste du fromage. Couvrir et cuire à faible intensité pendant 4 heures.

Rigatonis aux légumes grillés

Du début à la fin 25 minutes   **Donne** 4 portions

1 boîte de 500 g (16 oz) de rigatonis, de type Barilla^{MD}

45 ml (3 c. à soupe) d'huile d'olive extra vierge

2 petites aubergines italiennes, coupées en tranches de 1,3 cm (½ po) d'épaisseur

1 zucchini, tranché en 2 sur la longueur

1 petit oignon, tranché

1 poivron rouge

30 ml (2 c. à soupe) d'huile d'olive extra vierge

15 ml (1 c. à soupe) d'ail émincé en bouteille, de type Club House^{MD}

Flocons de piment rouge, de type McCormick^{MD}

Sel et poivre noir moulu

1. Préparer le gril pour cuisson directe sur feu moyen-vif. Ou préchauffer une poêle à fond cannelé à feu moyen-vif.

2. Dans une grande casserole d'eau salée bouillante, faire cuire les pâtes selon les instructions de l'emballage. Égoutter les pâtes et arroser d'environ 5 ml (1 c. à thé) de l'huile d'olive pour éviter qu'elles collent ensemble.

3. Badigeonner légèrement les aubergines, le zucchini, l'oignon et le poivron de l'huile d'olive restante. Placer les légumes sur le gril ou sur la poêle, et griller 3 minutes par côté. Retirer les légumes ; laisser refroidir 5 minutes. Couper les légumes en bouchées.

4. Dans la casserole utilisée pour cuire les pâtes, faire chauffer 30 ml (2 c. à soupe) de l'huile d'olive à feu moyen. Ajouter l'ail et les flocons de piment au goût ; cuire en remuant pendant 1 minute. Ajouter les légumes hachés et les pâtes à la casserole, et mélanger le tout. Saler et poivrer au goût. Servir immédiatement.

Spaghettis aux boulettes de viande

Préparation 20 minutes   **Cuisson au four** 12 minutes   **Cuisson** 25 minutes   **Donne** 4 portions

BOULETTES

Enduit antiadhésif, de type Pam^{MD}

2 tranches de pain blanc, coupé en cubes

60 ml (¼ tasse) de lait

1 œuf

½ oignon moyen, en dés

15 ml (1 c. à soupe) d'assaisonnement à l'italienne, de type Club House^{MD}

10 ml (2 c. à thé) d'ail émincé en bouteille, de type Club House^{MD}

2,5 ml (½ c. à thé) de sel

1,25 ml (¼ c. à thé) de poivre noir moulu

450 g (1 lb) de bœuf haché maigre

2 bâtonnets de fromage mozzarella à effilocher, coupés en petits cubes

SAUCE

30 ml (2 c. à soupe) d'huile d'olive extra vierge

½ oignon moyen, en dés

15 ml (1 c. à soupe) d'ail émincé en bouteille, de type Club House^{MD}

1 boîte de 796 ml (28 oz) de tomates en dés, de type Hunt's^{MD}

30 ml (2 c. à soupe) de basilic frais, haché

30 ml (2 c. à soupe) de persil frais, haché

Sel et poivre noir moulu

1 boîte de 500 g (16 oz) de spaghettis, de type Barilla^{MD}

1. Pour les boulettes, préchauffer le four à 200 °C (400 °F). Vaporiser une plaque à pâtisserie d'enduit antiadhésif ; réserver.

2. Dans un grand bol, combiner le pain et le lait. Laisser reposer environ 5 minutes, ou jusqu'à ce que le pain ait absorbé le lait. Incorporer l'œuf, l'oignon, l'assaisonnement à l'italienne, l'ail, le sel et le poivre. Ajouter le bœuf haché et bien mélanger. Pour chaque boulette, aplatir environ 45 ml (3 c. à soupe) du mélange de viande en galette. Mettre un cube de mozzarella au centre de la galette ; ramener les côtés autour du fromage et façonner une boulette. Déposer sur la plaque préparée. Répéter le processus avec la viande et le fromage restants. Faire cuire les boulettes au four 12 minutes.

3. Pendant que les boulettes cuisent, préparer la sauce. Dans un bol moyen, faire chauffer l'huile d'olive à feu moyen. Ajouter l'oignon et l'ail, et cuire 3 minutes. Ajouter les tomates, le basilic, le persil, et saler et poivrer au goût. Laisser mijoter 10 minutes. Incorporer délicatement les boulettes et tout jus de la plaque à pâtisserie.

4. Entre-temps, dans une grande casserole d'eau salée bouillante, cuire les spaghettis selon les instructions de l'emballage ; égoutter. Servir la sauce et les boulettes sur les spaghettis.

Remarque : Pour faire les Calzones aux spaghettis et aux boulettes de viande (voir recette, page 126), doubler les ingrédients de cette recette pour les boulettes et la sauce.

Calzones aux spaghettis et aux boulettes de viande

Préparation 15 minutes   **Cuisson** 35 minutes   **Donne** 4 portions

1 emballage de 500 g (16 oz) de pâte à pizza réfrigérée, de type Pillsbury^{MD}

Restants de spaghettis aux boulettes de viande, hachés (voir recette, page 124)

125 ml (½ tasse) de sauce à spaghetti restante (voir recette, page 124)

60 ml (¼ tasse) de fromage mozzarella râpé, de type Kraft^{MD}

Sauce aux tomates (facultatif),

1. Préchauffer le four à 200 °C (400 °F). Tapisser une plaque à pâtisserie de papier sulfurisé ; réserver.

2. Diviser la pâte en 4 portions égales. Sur une surface de travail enfarinée, abaisser chaque morceau de pâte en cercle de 15 à 20 cm (6 à 8 po) à l'aide d'un rouleau à pâtisserie.

3. Placer ¼ des spaghettis aux boulettes de viande au centre d'un des cercles de pâte. Garnir de 15 ml (1 c. à soupe) de sauce et parsemer de 15 ml (1 c. à soupe) de fromage. Badigeonner les bords de la pâte avec de l'eau. Plier la pâte pour former un demi-cercle et pincer les bords à l'aide d'une fourchette. Placer sur la plaque à pâtisserie préparée. Répéter avec le reste de la pâte et de la garniture.

4. Cuire environ 35 minutes, ou jusqu'à ce qu'ils soient dorés. Servir chaud accompagné de sauce aux tomates (facultatif).

Petit déjeuner au dîner?

La plupart des matins, vous n'avez probablement pas le temps de préparer plus qu'un bol de céréales ou une barre granola. Mais lorsque vous avez le loisir de le faire, surprenez votre famille avec l'une de ces recettes. Cette collection de plats nourrissants aux œufs, de pâtisseries de qualité professionnelle et de gâteaux frais du four commencera, ou terminera, votre journée de manière plus que satisfaisante.

Œufs bénédictines avec hollandaise au micro-ondes

Du début à la fin 35 minutes   **Donne** 6 portions

I boîte de 180 g (6 oz) de petits croissants français congelés, de type Sara Lee^MD

SAUCE HOLLANDAISE

45 ml (3 c. à soupe) de beurre

30 ml (2 c. à soupe) de farine tout usage

250 ml (I tasse) d'eau chaude

30 ml (2 c. à soupe) de jus de citron congelé, décongelé, de type Minute Maid^MD

2 jaunes d'œufs

I pincée de piment de Cayenne, de type Club House^MD

Sel et poivre noir moulu

ŒUFS BÉNÉDICTINES

6 œufs

6 fines tranches de prosciutto

Feuilles d'estragon frais (facultatif)

I. Préchauffer le four à 160 °C (325 °F). Trancher les croissants congelés à l'horizontale, en les gardant intacts. Placer sur une plaque à pâtisserie non graissée. Faire cuire de 7 à 9 minutes pendant la préparation de la sauce hollandaise.

2. Pour la sauce hollandaise, mettre le beurre dans un bol moyen allant au micro-ondes. Faire cuire au micro-ondes, à découvert, à puissance élevée, environ 20 secondes pour faire fondre le beurre. Incorporer la farine. Incorporer lentement l'eau chaude et le jus de citron en remuant. Remettre au micro-ondes à puissance élevée de 1½ à 2 minutes, ou jusqu'à ce que la sauce épaississe, en remuant 2 fois. Incorporer rapidement les jaunes d'œufs en fouettant. Remettre au micro-ondes à puissance moyenne de 1½ à 2 minutes, ou jusqu'à ce que la sauce épaississe. Retirer, et incorporer le poivre de Cayenne. Saler et poivrer au goût; couvrir pour conserver la chaleur.

3. Pour les œufs, remplir une poêle de taille moyenne à la moitié avec de l'eau. Faire mijoter l'eau à feu moyen (ne pas bouillir). En prenant I œuf à la fois, casser l'œuf dans un petit bol et le glisser dans l'eau frémissante. Laisser mijoter les œufs de 3 à 5 minutes, ou jusqu'à ce que les blancs soient cuits et le jaune encore coulant. Retirer les œufs à l'aide d'une cuillère à égoutter et transférer dans une assiette*.

4. Séparer les moitiés de croissants et les placer ensemble afin de former un cercle, les côtés coupés vers le haut. Garnir de I tranche de prosciutto et de I œuf poché. À l'aide d'une cuillère, napper l'œuf de sauce hollandaise. Garnir de feuilles d'estragon (facultatif).

*Remarque : Les œufs peuvent être cuits et réfrigérés à ce point-ci. Au moment de servir, glisser les œufs dans de l'eau frémissante pendant I minute pour les réchauffer.

Quiche au bacon et aux tomates

Préparation 10 minutes   **Cuisson** 25 minutes + 30 minutes   **Refroidissement/repos** 20 minutes   **Donne** 6 portions

CROÛTE AUX POMMES DE TERRE PILÉES

Enduit antiadhésif, de type Pam^{MD}

1 sac de 720 g (24 oz) de pommes de terre Russet coupées congelées, de type Ore-Ida^{MD} **Steam n' Mash**^{MD}

125 ml (½ tasse) de lait condensé, de type Carnation^{MD}

60 ml (¼ tasse) de fromage parmesan râpé, de type DiGiorno^{MD}

1 œuf, légèrement battu

GARNITURE AUX TOMATES ET AU BACON

500 ml (2 tasses) de fromage Monterey Jack râpé, de type Sargento^{MD}

1 boîte de 455 ml (15 oz) de tomates en dés avec ail et basilic, bien égouttées, de type Hunt's^{MD}

80 ml (⅓ tasse) de bacon véritable émietté, de type Hormel^{MD}

3 œufs

250 ml (1 tasse) de crème 11,5 % M.G.

2,5 ml (½ c. à thé) de sel

1,25 ml (¼ c. à thé) de poivre noir moulu

1,25 ml (¼ c. à thé) de thym séché, de type Club House^{MD}

1. Préchauffer le four à 180 °C (350 °F). Légèrement vaporiser d'enduit antiadhésif un moule à tarte carré ou un plat rond de 23 cm (9 po) allant au four ; réserver.

2. Pour la croûte aux pommes de terre pilées, faire cuire les pommes de terre au micro-ondes selon les instructions de l'emballage. Dans un bol moyen, piler les pommes de terre cuites avec le lait. Incorporer le parmesan et l'œuf ; bien mélanger. Presser dans le fond et sur les côtés du moule à tarte ou du plat allant au four, et vaporiser légèrement d'enduit antiadhésif.

3. Faire cuire de 25 à 30 minutes, ou jusqu'à ce que la croûte soit légèrement dorée. Retirer du four et laisser refroidir de 10 à 15 minutes.

4. Pour la garniture aux tomates et au bacon, parsemer la moitié du fromage Monterey Jack sur la croûte. Disposer les tomates, le bacon et le fromage restant par couches. Dans un petit bol, battre ensemble les œufs, la crème 11,5 % M.G., le sel, le poivre et le thym ; verser sur la garniture.

5. Faire cuire de 30 à 40 minutes, ou jusqu'à ce qu'un couteau inséré à 2,5 cm (1 po) du centre en ressorte propre. Laisser reposer 10 minutes avant de couper.

Quiche aux pommes de terre et au bacon

Préparation 25 minutes   **Cuisson** 50 minutes   **Refroidissement** 30 minutes   **Donne** 10 portions

1 croûte à tarte réfrigérée, de type Pillsbury^{MD}

560 ml (2¼ tasses) de pommes de terre rissolées réfrigérées, de type Reser's^{MD}

125 ml (½ tasse) de bacon véritable émietté, de type Hormel^{MD}

75 ml (5 c. à soupe) de fromage bleu émietté, de type Sargento^{MD}

10 ml (2 c. à thé) d'assaisonnement ail et fines herbes sans sel ajouté, de type Club House^{MD}

1,25 ml (¼ c. à thé) de paprika, de type Club House^{MD}

125 ml (½ tasse) de substitut d'œuf, de type Egg Beaters^{MD}

125 ml (½ tasse) de crème 35 % M.G.

80 ml (⅓ tasse) de lait

1. Préchauffer le four à 180 °C (350 °F).

2. Sur une surface légèrement enfarinée, dérouler la croûte à tarte ; plier 2 côtés du cercle vers le milieu. Abaisser en rectangle de 30 x 20 cm (12 x 8 po) à l'aide d'un rouleau à pâtisserie et presser dans un moule à tarte. Mettre un morceau de papier d'aluminium sur le fond et les côtés de la croûte. Remplir le moule de haricots à cuisson.

3. Faire cuire la croûte à tarte de 10 à 15 minutes. Retirer du four ; retirer les haricots à cuisson et le papier d'aluminium. Remettre au four et cuire de 5 à 8 minutes de plus, ou jusqu'à l'obtention d'une belle teinte dorée. Laisser refroidir complètement, environ 20 minutes.

4. Dans un grand bol, combiner les pommes de terre rissolées, le bacon, 30 ml (2 c. à soupe) du fromage bleu, l'assaisonnement ail et fines herbes, et le paprika ; bien mélanger. Mettre le mélange aux pommes de terre dans la croûte refroidie. Dans un bol moyen, fouetter ensemble le substitut d'œuf, la crème et le lait pour bien mélanger. Verser sur le mélange aux pommes de terre dans le moule. Parsemer les 45 ml (3 c. à soupe) restants de fromage bleu sur le dessus.

5. Faire cuire de 35 à 40 minutes, ou jusqu'à ce que le centre soit pris. Retirer du four et laisser refroidir 10 minutes. Couper en carrés et servir chaud ou à la température ambiante.

Frittata au jambon et au fromage

Préparation 10 minutes   **Cuisson** 35 minutes   **Donne** 6 portions

Enduit antiadhésif, de type Pam^{MD}

250 ml (1 tasse) de pommes de terre au romarin précuites, de type Reser's^{MD}

250 ml (1 tasse) de jambon en cubes, de type Farmland^{MD}

250 ml (1 tasse) de mélange de fromages colby et Monterey Jack râpés, de type Kraft^{MD}

4 œufs

375 ml (1½ tasse) de lait

2,5 ml (½ c. à thé) de sel

1,25 ml (¼ c. à thé) de poivre noir moulu

5 ml (1 c. à thé) d'assaisonnement tout usage sans sel, de type McCormick^{MD}

1. Préchauffer le four à 200 °C (400 °F). Vaporiser un moule à tarte de 23 cm (9 po) d'enduit antiadhésif. Disposer les pommes de terre, le jambon et le fromage au fond du moule à tarte ; réserver.

2. Dans un bol moyen, mélanger les œufs, le lait, le sel, le poivre et l'assaisonnement. Verser dans le moule à tarte.

3. Faire cuire de 35 à 40 minutes, ou jusqu'à ce que les œufs soient pris. Retirer du four et laisser refroidir 5 minutes. Servir chaud ou à la température ambiante.

Remarque : Ce plat peut être fait à l'avance, réfrigéré, et réchauffé au micro-ondes.

Crêpe roulée du petit déjeuner

Préparation 10 minutes   **Cuisson** 8 minutes   **Donne** 8 portions

375 ml (1½ tasse) de mélange pour crêpes, de type Aunt Jemima^{MD}

310 ml (1¼ tasse) de lait

2 œufs

10 ml (2 c. à thé) de sucre

375 ml (1½ tasse) de substitut d'œuf, de type Egg Beaters^{MD}

125 ml (½ tasse) de fromage cheddar doux râpé

Sel et poivre noir moulu

Sirop d'érable

1. Préchauffer le four à 230 °C (450 °F). Tapisser un moule à gâteau roulé de 25 x 37,5 cm (10 x 15 po) de papier sulfurisé et vaporiser d'enduit antiadhésif; réserver.

2. Combiner le mélange pour crêpes, le lait, les œufs et le sucre. Verser dans le moule à gâteau roulé.

3. Cuire de 8 à 10 minutes, ou jusqu'à ce qu'un testeur en ressorte propre. Laisser refroidir 5 minutes. Soulever un coin du papier sulfurisé du côté court et rouler délicatement. Déposer un linge de cuisine sur le rouleau pour l'empêcher de se dérouler. Laisser complètement refroidir.

4. Vaporiser une grande poêle d'enduit antiadhésif et faire chauffer à feu moyen. Y verser le substitut d'œuf. Cuire sans remuer jusqu'à ce que les bords et le fond commencent à prendre. Ajouter le bacon et retourner la partie cuite de l'œuf. Continuer la cuisson jusqu'à ce qu'ils soient bien pris. Parsemer de fromage et retirer du feu. Saler et poivrer au goût.

5. Dérouler le gâteau. Disposer les œufs par-dessus en laissant un bord de 1,9 cm (¾ po) sur chaque côté long et du côté court le plus éloigné. Soulever le même coin du papier sulfurisé comme précédemment, et rouler le gâteau à nouveau, en retirant le papier sulfurisé à mesure que le gâteau est roulé. Transférer à un plat de service, le joint vers le bas. Trancher et servir accompagné de sirop d'érable.

Choux à la crème suédois

Préparation 10 minutes   **Levée** 1½ heure   **Cuisson** 12 minutes   **Donne** 12 portions

12 petits pains Parker House congelés

15 + 5 ml (1 c. à soupe + 1 c. à thé) de sucre et cannelle

5 ml (1 c. à thé) de cardamome moulue

2,5 ml (½ c. à thé) de muscade moulue

45 ml (3 c. à soupe) de beurre, fondu

375 ml (1½ tasse) de garniture fouettée congelée, décongelée

190 ml (¾ tasse) de garniture aux amandes pour gâteaux et pâtisseries

Sucre à glacer tamisé, de type C&H^{MD}

1. Préchauffer le four à 80 °C (175 °F). Placer les petits pains sur une plaque à pâtisserie, à 2,5 cm (1 po) d'intervalle. Couvrir légèrement d'un linge de cuisine. Éteindre le four et mettre les petits pains dans le four; les laisser pendant 1 à 1½ heure, ou jusqu'à ce qu'ils soient décongelés et aient doublé en grosseur.

2. Dans un bol peu profond, combiner le sucre à la cannelle, la cardamome et la muscade; réserver. Retirer les petits pains du four. Placer un petit pain sur une surface plane. Appuyer au centre avec le doigt et replier la pâte sur elle-même. Former en boule, puis rouler dans le mélange d'épices pour bien enrober. Répéter avec tous les petits pains. Disposer sur une plaque à pâtisserie graissée, à 5 cm (2 po) d'intervalle; couvrir d'un linge et laisser lever pendant 30 minutes.

3. Préchauffer le four à 190 °C (375 °F). Badigeonner chaque pain de beurre à l'aide d'un pinceau à pâtisserie. Faire cuire de 12 à 14 minutes. Retirer du four et laisser complètement refroidir.

4. Pour la crème épicée, mélanger la garniture fouettée et les 15 ml (1 c. à soupe) restants du mélange d'épices dans un petit bol; couvrir et réfrigérer jusqu'au moment d'utilisation.

5. Couper le dessus des petits pains. Retirer la moitié du centre. Remplir de 15 ml (1 c. à soupe) de garniture aux amandes et de 30 ml (2 c. à soupe) de crème épicée. Remettre les dessus; saupoudrer de sucre à glacer.

Pain doré farci aux fraises

Du début à la fin 25 minutes   **Donne** 4 portions

1 paquet de 250 g (8 oz) de fromage à la crème, ramolli, de type Philadelphia^{MD}

30 ml (2 c. à soupe) de confiture de fraises, de type Smucker's^{MD}

15 ml (1 c. à soupe) de zeste d'orange émincé

4 œufs

250 ml (1 tasse) de crème 11,5 % M.G.

30 ml (2 c. à soupe) de Grand Marnier ou de jus d'orange concentré congelé, décongelé

7,5 ml (1½ c. à thé) d'extrait de vanille, de type Club House^{MD}

8 tranches de pain de style Texas toast*

Beurre

Sirop aux fraises, de type Smucker's^{MD}

Fraises fraîches tranchées (facultatif)

Sucre à glacer (facultatif)

1. Dans un petit bol, mélanger le fromage à la crème ramolli, la confiture de fraises et le zeste d'orange jusqu'à l'obtention d'un mélange lisse. Réserver.

2. Dans un bol, fouetter ensemble les œufs, la crème 11,5 % M.G., le Grand Marnier et l'extrait de vanille. Verser dans un bol peu profond ou dans un moule à tarte. Réserver.

3. À l'aide d'un couteau d'office, couper une ouverture dans le côté de chaque tranche de pain (ne pas couper complètement à travers le pain). Remplir les tranches de pain d'une cuillérée comble de mélange au fromage à la crème.

4. Dans une poêle, faire fondre du beurre à feu moyen. Tremper le pain rempli dans le mélange d'œufs et dorer de 1 à 2 minutes par côté dans le beurre chaud. Servir chaud accompagné du sirop de fraises, des fraises fraîches et du sucre à glacer (facultatif).

*Texas toast : pain tranché très épais, souvent assaisonné d'un côté.

Gâteau au café chai

Préparation 10 minutes   **Cuisson** 40 minutes   **Donne** 9 portions

Enduit antiadhésif, de type Pam^{MD}

1 boîte de 435 ml (14,5 oz) de préparation pour gâteau et biscuits au pain d'épice, de type Krusteaz^{MD}

250 ml (1 tasse) de concentré de thé chai*, de type Tazo^{MD}

1 œuf

10 ml (2 c. à thé) d'épices chai, de type McCormick^{MD}

250 ml (1 tasse) de mélange à pâte tout usage, de type Bisquick^{MD}

80 ml (⅓ tasse) de cassonade tassée, de type C&H^{MD}

5 ml (1 c. à thé) de cannelle moulue, de type Club House^{MD}

90 ml (6 c. à soupe) de beurre, refroidi, coupé en très petits morceaux

1. Préchauffer le four à 180 °C (350 °F). Vaporiser un moule à gâteau carré de 20 x 20 cm (8 x 8 po) d'enduit antiadhésif; réserver.

2. Dans un grand bol, combiner en remuant la préparation pour gâteau et biscuits, le concentré de thé chai, l'œuf et 5 ml (1 c. à thé) des épices chai. Verser dans le moule préparé.

3. Dans un bol moyen, combiner le mélange à pâte tout usage, la cassonade, les 5 ml (1 c. à thé) restants d'épices chai et la cannelle. Incorporer les morceaux de beurre à la main jusqu'à ce que le mélange soit grumeleux. Parsemer sur la pâte à gâteau dans le moule.

4. Faire cuire de 40 à 45 minutes, ou jusqu'à ce qu'un testeur en ressorte propre. Laisser complètement refroidir. Couper en carrés et servir.

*Remarque : On peut trouver ce produit dans la section des thés dans les grandes épiceries.

Galettes de pommes de terre au babeurre

Préparation 15 minutes   **Cuisson** 12 minutes   **Donne** 4 portions

1 sac de 660 g (22 oz) de pommes de terre Russet congelées coupées, de type Ore-Ida^MD Steam n' Mash^MD

60 ml (¼ tasse) de babeurre

30 ml (2 c. à soupe) de beurre

1 œuf, légèrement battu

30 ml (2 c. à soupe) de persil frais, haché

5 ml (1 c. à thé) de moutarde moulue, de type Club House^MD

2,5 ml (½ c. à thé) de poudre d'ail, de type Club House^MD

Farine tout usage

30 ml (2 c. à soupe) d'huile d'olive extra vierge

Sel kascher

Bacon cuit émietté, de type Hormel^MD (facultatif)

Ciboulette fraîche, hachée (facultatif)

1. Faire cuire les pommes de terre selon les instructions de l'emballage. Dans un bol, piler les pommes de terre avec le babeurre et le beurre. Incorporer l'œuf, le persil, la moutarde et la poudre d'ail. Former 8 galettes avec le mélange. Passer les galettes dans la farine; secouer pour enlever l'excédent.

2. Dans une grande poêle antiadhésive, faire chauffer l'huile à feu moyen-vif. Faire frire la moitié des galettes dans l'huile chaude 3 minutes, ou jusqu'à ce qu'elles soient bien dorées. Les retourner délicatement et cuire 3 minutes de plus. Égoutter sur des essuie-tout. Répéter avec le reste des galettes. Saler. Garnir du bacon émietté et de la ciboulette (facultatif).

Croissants aux amandes

Préparation 15 minutes   **Cuisson** 12 minutes   **Donne** 8 portions

125 ml (½ tasse) de pâte d'amandes, de type Odense^{MD}

45 ml (3 c. à soupe) de rhum épicé, de type Captain Morgan^{MD}

30 ml (2 c. à soupe) de cassonade tassée, de type C&H^{MD}

3,75 ml (¾ c. à thé) de cannelle moulue, de type Club House^{MD}

1 emballage de 250 g (8 oz) de croissants réfrigérés, de type Pillsbury^{MD}

1 œuf, légèrement battu avec 5 ml (1 c. à thé) d'eau

45 ml (3 c. à soupe) d'amandes effilées, de type Planters^{MD}

250 ml (1 tasse) de garniture fouettée à la vanille, décongelée, de type Cool Whip^{MD}

1. Préchauffer le four à 190 °C (375 °F). Dans un petit bol, râper la pâte d'amandes. Incorporer le rhum, la cassonade et la cannelle ; bien mélanger et réserver.

2. Dérouler un croissant pour qu'il repose à plat. Étaler 15 ml (1 c. à soupe) du mélange aux amandes au milieu et rouler pour former un croissant. Mettre sur une plaque à pâtisserie. Répéter avec les ingrédients restants pour faire 8 croissants en tout. À l'aide d'un pinceau à pâtisserie, badigeonner l'œuf battu sur chaque croissant. Parsemer les amandes effilées par-dessus.

3. Faire cuire de 12 à 15 minutes, ou jusqu'à ce qu'ils soient bien dorés. Retirer et laisser refroidir complètement. Pour servir, garnir les croissants de garniture fouettée.

Plats en casserole

À la fin d'une journée difficile, rien ne réconforte l'âme fatiguée comme une bonne casserole bien bouillonnante fraîchement sortie du four. J'adore le fait que les casseroles sont pratiques; plusieurs sont des repas en un plat, et chaque bouchée vous offre une variété de textures complémentaires et le goût de toutes les merveilleuses saveurs qui se sont mariées lors de la cuisson.

Casserole au pain de viande « cowboy » et aux pommes de terre

Préparation 15 minutes   **Cuisson** 20 minutes + 15 minutes   **Donne** 6 portions

675 g (1½ lb) de bœuf haché maigre

190 ml (¾ tasse) d'oignons hachés congelés, décongelés, de type Ore-Ida^{MD}

80 ml (⅓ tasse) de chapelure assaisonnée, de type Progresso^{MD}

1 œuf, légèrement battu

60 ml (¼ tasse) de sauce barbecue, de type Bull's-Eye^{MD}

1 sachet de 37,5 g (1,25 oz) d'assaisonnement pour taco, de type Club House^{MD}

2,5 ml (½ c. à thé) de sel

1 sac de 720 g (24 oz) de pommes de terre Russet congelées coupées, de type Ore-Ida^{MD} Steam n' Mash^{MD}

165 ml (⅔ tasse) de lait condensé, de type Carnation^{MD}

15 ml (1 c. à soupe) de beurre

125 ml (½ tasse) de bacon véritable émietté, de type Hormel^{MD}

125 ml (½ tasse) d'oignons frits, de type French's^{MD}

Sel et poivre noir moulu

250 ml (1 tasse) de mélange mexicain de 4 fromages râpés, de type Sargento^{MD}

1. Préchauffer le four à 190 °C (375 °F).

2. Dans un grand bol, combiner le bœuf haché, les oignons, la chapelure, l'œuf battu, la sauce barbecue, l'assaisonnement pour taco et 2,5 ml (½ c. à thé) de sel. Bien mélanger et presser ensuite délicatement dans le fond d'un moule à cuisson carré de 23 cm (9 po). Faire cuire de 20 à 25 minutes, ou jusqu'à ce que la cuisson soit complète. Égoutter doucement le gras.

3. Entre-temps, faire cuire les pommes de terre au micro-ondes selon les instructions de l'emballage. Dans un bol moyen, piler les pommes de terre cuites avec le lait et le beurre. Incorporer le bacon et les oignons frits. Saler et poivrer au goût. Étendre sur le pain de viande jusqu'aux rebords du moule ; parsemer de fromage. Remettre au four 15 minutes. Trancher et servir.

Casserole Reuben

Préparation 25 minutes   **Cuisson** 25 minutes   **Donne** 6 portions

3 tranches de pain de seigle foncé, de type
Oroweat^{MD}

Enduit antiadhésif, de type Pam^{MD}

5 ml (1 c. à thé) de sel à l'ail, de type Club
House^{MD}

1 emballage de 360 g (12 oz) de nouilles aux œufs
larges, de type Manischewitz^{MD}

310 ml (1¼ tasse) de lait

1 sachet de 48 g (1,6 oz) de mélange de sauce à
l'ail et aux fines herbes, de type Knorr^{MD}

30 ml (2 c. à soupe) de moutarde brune épicée,
de type Gulden's^{MD}

2,5 ml (½ c. à thé) de graines de carvi, de type
Club House^{MD} (facultatif)

750 ml (3 tasses) de choucroute, égouttée, de
type Bubbies^{MD}

675 g (1½ lb) de corned-beef de la charcuterie,
haché

190 ml (¾ tasse) de vinaigrette Mille-îles, de type
Ken's Steak House^{MD}

190 ml (¾ tasse) d'oignons hachés congelés, de
type Ore-Ida^{MD}

500 ml (2 tasses) de fromage suisse râpé

1. Préchauffer le four à 200 °C (400 °F). Tapisser une plaque à pâtisserie de papier d'aluminium et réserver.

2. Couper le pain de seigle en petites bouchées. Disposer les morceaux uniformément sur la plaque préparée. Vaporiser le pain de l'enduit antiadhésif et saupoudrer du sel à l'ail. Faire cuire 10 minutes, ou jusqu'à ce que le pain soit séché. Retirer et laisser complètement refroidir.

3. Réduire la température du four à 190 °C (375 °F). Vaporiser un plat allant au four de 3 l (12 tasses) d'enduit antiadhésif et réserver.

4. Dans une grande casserole d'eau salée bouillante, cuire les nouilles aux œufs environ 8 minutes, ou jusqu'à ce qu'elles soient tendres, mais pas tout à fait al dente. Égoutter et réserver.

5. Dans une grande casserole, combiner le lait, le mélange pour sauce à l'ail et aux fines herbes, la moutarde et les graines de carvi (facultatif). Porter à ébullition ; réduire le feu. Laisser mijoter 1 minute. Retirer du feu. Incorporer la choucroute, le corned-beef, la vinaigrette, les oignons et 250 ml (1 tasse) du fromage suisse. Bien mélanger. Ajouter les nouilles en remuant jusqu'à ce qu'elles soient tout juste incorporées. Transférer au plat préparé. Garnir des 250 ml (1 tasse) restants de fromage suisse. Émietter finement les morceaux de pain de seigle et parsemer sur la casserole. Recouvrir de papier d'aluminium.

6. Faire cuire 20 minutes. Retirer le papier d'aluminium et cuire de 5 à 10 minutes de plus, ou jusqu'à ce que le tout soit bien chaud. Servir chaud.

Casserole à la pizza

Préparation 20 minutes   **Cuisson** 30 minutes   **Donne** 8 portions

Enduit antiadhésif, de type Pam^MD

1 emballage de 500 g (16 oz) de mini pennes, de type Barilla^MD

1 bocal de 780 ml (26 oz) de sauce pour pâtes, de type Prego^MD

1 contenant de 150 g (5 oz) de poivrons en dés, hachés, de type Ready Pac^MD Tri Peppers

7,5 ml (1½ c. à thé) d'assaisonnement à l'italienne, de type Club House^MD

1,25 l (5 tasses) de fromage mozzarella râpé, de type Sargento^MD

1 bocal de 135 ml (4,5 oz) de champignons tranchés, égouttés, de type Géant Vert^MD

1 boîte de 114 ml (3,8 oz) d'olives noires tranchées, égouttées, de type Early California^MD

½ emballage de 105 g (3,5 oz) de pepperoni en tranches (25 tranches), de type Hormel^MD

80 ml (⅓ tasse) de fromage parmesan râpé, de type DiGiorno^MD

1 rouleau de 250 g (8 oz) de baguettes de pain à l'ail, de type Pillsbury^MD

1. Préchauffer le four à 180 °C (350 °F). Vaporiser un plat de 23 x 33 cm (9 x 13 po) allant au four d'enduit antiadhésif ; réserver.

2. Dans une grande casserole d'eau salée bouillante, cuire les pennes environ 7 minutes, ou jusqu'à ce qu'elles soient tendres, mais pas tout à fait al dente. Bien égoutter. Dans un grand bol, mélanger les pennes cuites, la sauce pour pâtes, les poivrons hachés et l'assaisonnement à l'italienne. Incorporer 750 ml (3 tasses) de fromage mozzarella et bien mélanger. Transférer au plat préparé. Parsemer 250 ml (1 tasse) de la mozzarella restante par-dessus. Garnir des champignons et des olives tranchés. Parsemer des derniers 250 ml (1 tasse) de mozzarella. Disposer les tranches de pepperoni sur la mozzarella ; parsemer de fromage parmesan.

3. Faire cuire 15 minutes. Retirer la pâte pour baguettes de pain du contenant et séparer en bandes individuelles. Plier chaque bande en 2 et la torsader. Retirer la casserole du four et placer la pâte torsadée autour des bords du plat allant au four. Remettre au four ; cuire de 15 à 18 minutes de plus, ou jusqu'à ce que les baguettes de pain soit dorées. Servir chaud.

Casserole de poulet et de quenelles

Préparation 15 minutes   **Cuisson** 35 minutes   **Donne** 6 portions

Enduit antiadhésif, de type Pam^{MD}

60 ml (¼ tasse) de beurre

250 ml (1 tasse) de bâtonnets de carottes et de céleris, finement hachés, de type Ready Pac^{MD} Party Pac

125 ml (½ tasse) d'oignons en dés, de type Ready Pac^{MD}

10 ml (2 c. à thé) de mélange d'ail en bouteille, de type Gourmet Garden^{MD}

5 ml (1 c. à thé) d'assaisonnement pour volaille, de type Club House^{MD}

2 bocaux de 355 ml (12 oz) de sauce au poulet, de type Heinz^{MD}

1 poulet de la rôtisserie, peau et os retirés, chair coupée en bouchées

560 ml (2¼ tasses) de petits pois verts congelés, de type C&W^{MD}

Sel et poivre noir moulu

500 ml (2 tasses) de mélange à pâte tout usage, de type Bisquick^{MD}

165 ml (⅔ tasse) de babeurre

10 ml (2 c. à thé) de persil plat frais, finement haché

1. Préchauffer le four à 180 °C (350 °F). Vaporiser un plat de 23 x 33 cm (9 x 13 po) allant au four d'enduit antiadhésif; réserver.

2. Dans une grande casserole, faire chauffer le beurre à feu moyen. Cuire les carottes et céleris hachés, les oignons, l'ail et l'assaisonnement à volaille en remuant jusqu'à ce que les légumes soient tendres. Incorporer la sauce. Porter à ébullition. Incorporer le poulet et les petits pois; saler et poivrer au goût. Transférer au plat préparé et réserver.

3. Pour les quenelles, combiner le mélange à pâte, le babeurre et le persil dans un bol moyen, jusqu'à ce que le tout soit mouillé. Déposer à la cuillère sur la casserole.

4. Cuire à découvert pendant 25 minutes. Recouvrir de papier d'aluminium et cuire environ 10 minutes de plus, ou jusqu'à ce que les quenelles soient cuites. Servir chaud.

Casserole à la grecque

Préparation 25 minutes   **Cuisson** 30 minutes   **Donne** 6 portions

Enduit antiadhésif, de type Pam^MD

1 boîte de 500 g (16 oz) de gemellis, de type Barilla^MD

30 ml (2 c. à soupe) d'huile d'olive extra vierge

190 ml (¾ tasse) d'oignons en dés, de type Ready Pac^MD

450 g (1 lb) d'agneau haché

15 ml (1 c. à soupe) d'assaisonnement grec, de type Club House^MD

10 ml (2 c. à thé) de mélange d'ail en bouteille, de type Gourmet Garden^MD

2,5 ml (½ c. à thé) de cannelle moulue, de type Club House^MD

1 boîte de 315 ml (10,5 oz) de sauce blanche, de type Aunt Penny's^MD

60 ml (¼ tasse) de crème 11,5 % M.G.

1,25 ml (¼ c. à thé) de muscade moulue, de type Club House^MD

1 boîte de 455 ml (15 oz) de tomates en dés avec basilic et ail, de type Muir Glen^MD

1 boîte de 300 g (10 oz) d'épinards hachés congelés, décongelés, essorés, de type Birds Eye^MD

Sel et poivre noir moulu

250 ml (1 tasse) de fromage parmesan râpé, de type DiGiorno^MD

190 ml (¾ tasse) de fromage feta émietté, de type Kraft^MD

1. Préchauffer le four à 180 °C (350 °F). Vaporiser un plat de 23 x 33 cm (9 x 13 po) allant au four d'enduit antiadhésif ; réserver.

2. Dans une grande casserole d'eau salée bouillante, cuire les pâtes environ 12 minutes, ou jusqu'à ce qu'elles soient tendres, mais pas tout à fait al dente. Égoutter et réserver. Dans une grande poêle, faire chauffer l'huile à feu moyen-vif. Cuire les oignons en remuant jusqu'à ce qu'ils soient tendres. Ajouter l'agneau haché, l'assaisonnement grec, l'ail et la cannelle. Faire revenir l'agneau en remuant fréquemment pour défaire en petits morceaux. Retirer du feu et réserver.

3. Mettre la sauce, la crème et la muscade dans un grand bol allant au micro-ondes. Chauffer au micro-ondes pendant 2 minutes, ou jusqu'à ce que le tout soit bien chaud. Incorporer les tomates et les épinards ; bien mélanger. Saler et poivrer au goût. Incorporer les pâtes cuites.

4. Disposer la moitié du mélange de pâtes dans le plat préparé. Parsemer de la moitié du fromage parmesan. Répéter avec le reste des ingrédients. Parsemer le fromage feta sur le dessus.

5. Faire cuire 30 à 40 minutes, ou jusqu'à ce que le tout soit bien chaud.

Casserole de poulet cordon bleu

Préparation 15 minutes   **Cuisson** 45 minutes   **Donne** 4 portions

Enduit antiadhésif, de type Pam^MD

250 ml (1 tasse) de riz blanc Uncle Ben's^MD Converted^MD

1 boîte de 322 ml (10,75 oz) de crème de poulet condensée, de type Campbell's^MD

190 ml (¾ tasse) de bouillon de poulet, de type Swanson^MD

60 ml (¼ tasse) de vin blanc

7,5 ml (1½ c. à thé) d'origan séché, de type Club House^MD

30 ml (2 c. à soupe) d'huile d'olive extra vierge

125 ml (½ tasse) d'oignons hachés, de type Ore-Ida^MD

10 ml (2 c. à thé) de mélange d'ail en bouteille, de type Gourmet Garden^MD

450 g (1 lb) de poitrine de poulet désossée et sans peau, coupée en bouchées

Sel et poivre noir moulu

225 g (½ lb) de jambon cuit, en cubes

375 ml (1½ tasse) de fromage suisse râpé

½ boîte de 165 g (5,5 oz) de panure assaisonnée pour poulet, de type Shake 'n Bake^MD

30 ml (2 c. à soupe) de beurre, fondu

1. Préchauffer le four à 190 °C (375 °F). Vaporiser un plat à casserole de 2,5 l (10 tasses) d'enduit antiadhésif et réserver.

2. Dans un bol moyen, bien mélanger le riz, la crème de poulet, le bouillon de poulet, le vin blanc et l'origan. Déposer à la cuillère dans le plat à casserole préparé et réserver.

3. Dans une grande poêle, faire chauffer l'huile à feu moyen-vif. Ajouter les oignons et l'ail. Cuire en remuant jusqu'à ce que le tout soit tendre. Saler et poivrer les morceaux de poulet, et ajouter à la poêle. Faire cuire jusqu'à ce qu'il soit à peine cuit et légèrement bruni. Retirer du feu et incorporer le jambon. Étendre sur le riz dans la casserole. Parsemer de fromage suisse.

4. Dans un petit bol, mélanger la panure assaisonnée et le beurre fondu; parsemer sur le fromage. Bien recouvrir de papier d'aluminium. Faire cuire 35 minutes. Retirer le papier d'aluminium et cuire 10 minutes de plus. Servir chaud.

Chilaquiles au poulet

Préparation 20 minutes   **Cuisson** 10 minutes   **Donne** 5 à 6 portions

Enduit antiadhésif, de type Pam^{MD}

15 ml (1 c. à soupe) d'huile d'olive extra vierge

500 ml (2 tasses) d'oignons jaunes hachés

2 emballages de 180 g (6 oz) de poulet rôti
réfrigéré en dés, de type Tyson^{MD}

1 boîte de 120 ml (4 oz) de piments verts, de type
Ortega^{MD}

2 boîtes de 480 ml (16 oz) de salsa verte mi-forte,
de type Mrs. Renfro's^{MD}

1 l (4 tasses) de croustilles tortilla, émiettées, de
type Tostitos^{MD}

500 ml (2 tasses) de mélange mexicain de
4 fromages râpés, de type Sargento^{MD}

4 à 6 œufs

30 ml (2 c. à soupe) de beurre, coupé en 4 à
6 morceaux

60 ml (¼ tasse) de coriandre fraîche, hachée

1 contenant de 250 ml (8 oz) de crème sure

10 ml (2 c. à thé) de jus de lime, de type
ReaLime^{MD}

1. Préchauffer le four à 230 °C (450 °F). Vaporiser un plat de 23 x 33 cm (9 x 13 po) allant au four d'enduit antiadhésif; réserver.

2. Dans une grande poêle allant au four, faire chauffer l'huile à feu vif. Ajouter 375 ml (1½ tasse) des oignons; faire cuire en remuant environ 5 minutes, ou jusqu'à ce que les oignons commencent à ramollir. Ajouter le poulet et les piments; faire cuire 3 minutes en brassant. Incorporer la salsa. Laisser mijoter 3 minutes, ou jusqu'à ce que le tout soit bien réchauffé. Incorporer les croustilles. Transférer le mélange au poulet au plat préparé. Parsemer de fromage et faire de petits creux pour les œufs. Casser un œuf dans chacun des creux et mettre un morceau de beurre sur chaque œuf.

3. Faire cuire environ 10 minutes, ou jusqu'à ce que le fromage soit fondu et que les œufs soient pris. Parsemer des 125 ml (½ tasse) restants d'oignons et de la coriandre. Mélanger la crème sure et le jus de lime, et servir en accompagnement.

Casserole ranch à la King

Préparation 15 minutes   **Cuisson** 50 minutes   **Donne** 6 portions

45 ml (3 c. à soupe) de beurre

250 ml (1 tasse) d'oignons hachés congelés, de type Ore-Ida^MD

3 branches de céleri, finement hachées, de type Ready-Pac^MD

250 ml (1 tasse) de poivrons verts hachés congelés, de type Pictsweet^MD

2 emballages de 180 g (6 oz) de lanières de poitrine de poulet rôti congelées, hachées, de type Foster Farms^MD

1 boîte de 300 ml (10 oz) de tomates en dés avec piments verts, égouttées, de type Ro*Tel^MD

1 bocal de 65 ml (2 oz) de piments forts rouges hachés, de type Dromedary^MD

1 boîte de 322 ml (10,75 oz) de crème de poulet condensée, de type Campbell's^MD

1 boîte de 322 ml (10,75 oz) de crème de champignons condensée, de type Campbell's^MD

1 boîte de 322 ml (10,75 oz) de soupe au fromage cheddar condensée, de type Campbell's^MD

1 sac de 525 g (17,5 oz) de tortillas pour tacos souples, coupés en 2 et ensuite coupés en lanières, de type Mission^MD

250 ml (1 tasse) de fromage Monterey Jack râpé, de type Kraft^MD

Sauce au piment, de type Tabasco^MD (facultatif)

1. Préchauffer le four à 180 °C (350 °F). Graisser le fond d'un plat de 23 x 33 cm (9 x 13 po) allant au four avec 15 ml (1 c. à soupe) du beurre et réserver.

2. Dans une grande poêle, faire chauffer les 30 ml (2 c. à soupe) restants de beurre à feu moyen. Ajouter les oignons, le céleri et les piments verts; cuire en remuant jusqu'à ce qu'ils soient tendres. Retirer du feu, et incorporer le poulet haché, les tomates en dés et les piments; réserver.

3. Dans un bol moyen, mélanger les soupes jusqu'à l'obtention d'un mélange lisse. Verser ⅓ du mélange de soupes dans le plat préparé. Disposer ⅓ des lanières de tortillas sur la soupe. Déposer la moitié du mélange de poulet et légumes par-dessus. Répéter les couches en terminant par le mélange de poulet et légumes. Mettre ⅓ restant de lanières de tortillas et ⅓ restant de sauce par-dessus. Parsemer de fromage. Bien recouvrir avec du papier d'aluminium.

4. Faire cuire 35 minutes. Retirer le papier d'aluminium et cuire 15 minutes de plus, ou jusqu'à ce que le tout soit bouillonnant. Servir avec la sauce au piment (facultatif).

Gratin de dinde à la Tetrazzini

Préparation 20 minutes   **Cuisson** 30 minutes   **Donne** 4 portions

225 g (½ lb) de spaghettis, cassés en 2

30 ml (2 c. à soupe) de beurre

1 emballage de 250 g (8 oz) de champignons tranchés

10 ml (2 c. à thé) de mélange d'ail en bouteille, de type Gourmet Garden^{MD}

1 boîte de 315 ml (10,5 oz) de sauce blanche

60 ml (¼ tasse) de crème 11,5% M.G.

30 ml (2 c. à soupe) de xérès

250 ml (1 tasse) de fromage suisse râpé, de type Sargento^{MD}

500 ml (2 tasses) de dinde cuite, en cubes

125 ml (½ tasse) de copeaux de fromage parmesan

60 ml (¼ tasse) de bacon cuit émietté

1. Préchauffer le four à 160 °C (325 °F). Vaporiser un plat allant au four de 2 l (8 tasses) d'enduit antiadhésif et réserver.

2. Dans une grande casserole d'eau salée bouillante, cuire les spaghettis environ 10 minutes, ou jusqu'à ce qu'ils soient tendres, mais pas tout à fait al dente. Égoutter et réserver 60 ml (¼ tasse) de l'eau des pâtes.

3. Dans une grande casserole, faire fondre le beurre à feu moyen-vif. Ajouter les champignons et l'ail; cuire en remuant 6 minutes ou jusqu'à ce qu'ils soient tendres. Incorporer la sauce blanche, la crème 11,5% M.G. et le xérès; bien réchauffer. Incorporer le fromage suisse en remuant jusqu'à ce qu'il soit fondu. Retirer du feu. Incorporer les pâtes cuites, la dinde et 60 ml (¼ tasse) de l'eau des pâtes réservée, et bien mélanger. Transférer au plat préparé. Parsemer le fromage parmesan et le bacon sur le dessus.

4. Faire cuire de 30 à 35 minutes, ou jusqu'à ce que le tout bouillonne. Servir chaud.

Gratin croustillant au thon

Préparation 25 minutes   **Cuisson** 30 minutes   **Donne** 6 portions

1 emballage de 360 g (12 oz) de nouilles aux œufs moyennes

250 ml (1 tasse) de mélange oignons, céleri, poivrons et persil congelé

30 ml (2 c. à soupe) de beurre

1 emballage de 250 g (8 oz) de champignons tranchés

1 boîte de 300 ml (10 oz) de brocoli haché congelé, décongelé et égoutté

1 boîte de 322 ml (10,75 oz) de crème de champignons condensée

1 boîte de 322 ml (10,75 oz) de soupe aux champignons dorés condensée, de type Campbell's^{MD}

80 ml (⅓ tasse) de crème 11,5% M.G.

2 boîtes de 180 ml (6 oz) de morceaux de thon dans l'eau, égouttées

625 ml (2½ tasses) de fromage cheddar fort râpé, de type Kraft^{MD}

Sel et poivre noir moulu

375 ml (1½ tasse) d'oignons frits, de type French's^{MD}

1. Préchauffer le four à 190 °C (375 °F). Vaporiser un plat de 23 x 33 cm (9 x 13 po) allant au four d'enduit antiadhésif.

2. Dans une grande casserole d'eau salée bouillante, cuire les nouilles aux œufs environ 8 minutes, ou jusqu'à ce qu'elles soient tendres, mais pas tout à fait al dente. Bien égoutter et remettre dans la casserole; réserver.

3. Dans une casserole, faire cuire le mélange de légumes dans le beurre à feu moyen-vif, jusqu'à ce qu'ils soient tendres. Ajouter les champignons et faire cuire 8 minutes. Incorporer le brocoli. Transférer à la casserole.

4. Combiner les soupes et la crème 11,5% M.G. Mettre dans la casserole. Incorporer le thon et 500 ml (2 tasses) de fromage. Transférer au plat allant au four. Parsemer du fromage restant et des oignons frits.

5. Faire cuire de 30 à 40 minutes, ou jusqu'à ce que le tout soit bien chaud et doré.

Repas en un plat

Le repas en un plat est le meilleur ami du cuisinier occupé. Il simplifie la cuisine — et le nettoyage. Lorsqu'il n'y a qu'une casserole à laver, vous êtes vite sorti de la cuisine et pouvez passer la soirée à faire quelque chose qui vous plaît vraiment — comme faire une promenade, faire de la lecture ou écouter un match de football.

Pointe de poitrine barbecue avec maïs en épi et pommes de terre

Préparation 15 minutes　　**Cuisson** 3 heures + 45 minutes　　**Donne** 8 portions

10 ml (2 c. à thé) de poivre noir moulu

5 ml (1 c. à thé) de sel kascher

1 pointe de poitrine de bœuf de 1,8 kg (4 lb), parée

30 ml (2 c. à soupe) d'huile végétale

375 ml (1½ tasse) de sauce barbecue, de type Bull's-Eye^MD

375 ml (1½ tasse) de bière légère, d'eau ou de bouillon de bœuf

15 ml (1 c. à soupe) d'ail émincé en bouteille, de type Club House^MD

15 ml (1 c. à soupe) de moutarde grossièrement moulue, de type Inglehoffer^MD

15 ml (1 c. à soupe) de vinaigre de cidre

1 enveloppe de mélange pour soupe à l'oignon, de type Lipton^MD

8 mini maïs en épis congelés, décongelés, de type Green Giant^MD Nibblers^MD

1 sac de 600 g (20 oz) de pommes de terre rôties congelées, décongelées, de type Ore-Ida^MD

1. Préchauffer le four à 160 °C (325 °F). Frictionner la pointe de poitrine avec le sel et le poivre.

2. Dans un faitout ou une grande casserole, faire chauffer l'huile à feu moyen-vif. Au besoin, couper la pointe de poitrine pour qu'elle entre dans le faitout. Faire dorer la pointe de poitrine de tous les côtés, en plusieurs lots s'il y a plus d'un morceau.

3. Dans un bol moyen, combiner la sauce barbecue, la bière, l'ail, la moutarde, le vinaigre et le mélange pour soupe. Verser sur la pointe en la recouvrant complètement. Couvrir le faitout et mettre au four. Faire cuire pendant 3 heures.

4. Augmenter la température à 200 °C (400 °F). Ajouter le maïs et les pommes de terre au faitout. Cuire à découvert pendant 45 minutes de plus. Retirer la viande et les légumes, et mettre sur un plateau ; couvrir pour conserver la chaleur. Tamiser la sauce dans une casserole moyenne. Porter la sauce à ébullition ; laisser mijoter jusqu'à ce qu'elle épaississe.

5. Trancher la pointe de poitrine contre le grain en tranches fines ; servir avec le maïs, les pommes de terre et la sauce.

Fricassée de bœuf

Préparation 15 minutes   **Cuisson** 65 minutes   **Donne** 4 portions

450 g (1 lb) de bœuf à ragoût

Sel et poivre noir moulu

60 ml (¼ tasse) de farine tout usage

30 ml (2 c. à soupe) de beurre

1 emballage de 420 g (14 oz) d'oignons perles congelés, de type C&W^{MD}

1 emballage de 250 g (8 oz) de carottes miniatures

375 ml (1½ tasse) de bouillon de bœuf réduit en sodium, de type Swanson^{MD}

1 boîte de 300 g (10 oz) de choux de Bruxelles congelés, décongelés et coupés en 2, de type Birds Eye^{MD}

1 sachet de 48 g (1,6 oz) de mélange pour sauce à l'ail et aux fines herbes, de type Knorr^{MD}

1 contenant de 630 g (21 oz) de pommes de terre pilées à l'ail réfrigérées, de type Country Crock^{MD}

1. Bien saler et poivrer la viande. Passer dans la farine et secouer l'excédent.

2. Dans une grande poêle munie d'un couvercle étanche, faire fondre le beurre. Ajouter le bœuf et brunir de tous les côtés. Ajouter les oignons, les carottes et le bouillon de bœuf; porter à ébullition. Couvrir et réduire à feu doux. Laisser mijoter 1 heure.

3. Retirer le couvercle et ajouter les choux de Bruxelles coupés. Augmenter à feu moyen-vif et porter à ébullition. Incorporer le mélange pour sauce. Laisser mijoter 3 minutes, ou jusqu'à ce que la sauce épaississe. Si la sauce épaissit trop, ajouter un peu d'eau. Entre-temps, faire cuire les pommes de terre au micro-ondes selon les instructions de l'emballage.

4. Servir le bœuf chaud et les légumes sur les pommes de terre pilées réchauffées.

Bœuf en sauce avec oignons et pommes de terre violettes

Préparation 35 minutes   **Cuisson** 1 heure   **Donne** 4 portions

675 g (1½ lb) de bœuf à ragoût

30 ml (2 c. à soupe) d'épices pour bifteck, de type McCormick^{MD} Grill Mates^{MD}

45 ml (3 c. à soupe) d'huile d'olive extra vierge

500 ml (2 tasses) d'oignons hachés congelés, de type Ore-Ida^{MD}

30 ml (2 c. à soupe) d'ail émincé en bouteille, de type Club House^{MD}

1 bocal de 540 ml (18 oz) de sauce au bœuf, de type Hunt's^{MD}

250 ml (1 tasse) de bouillon de bœuf, de type Swanson^{MD}

30 ml (2 c. à soupe) de pâte de tomates, de type Hunt's^{MD}

675 g (1½ lb) de pommes de terre violettes, lavées et coupées en quartiers

Persil frais, ciselé

1. Mélanger le bœuf avec les épices à bifteck. Faire chauffer un faitout à feu moyen-vif. Lorsqu'il est chaud, ajouter l'huile d'olive. Ajouter le bœuf et faire cuire de 7 à 8 minutes, ou jusqu'à ce qu'il ait bruni. Transférer le bœuf dans un bol.

2. Ajouter les oignons et l'ail au faitout. Faire cuire 3 minutes en remuant fréquemment. Incorporer la sauce, le bouillon et la pâte de tomates. Ajouter les pommes de terre et le bœuf ainsi que tout jus accumulé dans le bol. Porter à ébullition en remuant fréquemment.

3. Réduire à feu doux. Couvrir le faitout et laisser mijoter environ 1 heure, ou jusqu'à ce que la viande soit tendre, en remuant de temps en temps. Parsemer de persil et servir.

Sauté au barbecue de Mongolie

Du début à la fin 25 minutes   **Donne** 4 portions

SAUCE

45 ml (3 c. à soupe) de sauce teriyaki, de type Kikkoman^{MD}

45 ml (3 c. à soupe) de xérès sec

30 ml (2 c. à soupe) de sauce soya légère, de type Kikkoman^{MD}

30 ml (2 c. à soupe) d'huile de sésame rôti

15 ml (1 c. à soupe) de sauce chili asiatique

15 ml (1 c. à soupe) de sucre

15 ml (1 c. à soupe) de purée de gingembre en bouteille, de type Gourmet Garden^{MD}

15 ml (1 c. à soupe) de fécule de maïs

SAUTÉ

675 g (1½ lb) de haut de surlonge ou de filet de bœuf, finement tranché contre le grain

10 ml (2 c. à thé) de sel kascher

45 ml (3 c. à soupe) d'huile d'arachide ou végétale

1 emballage de 420 g (14 oz) de mélange de légumes japonais pour sauté, de type Pictsweet^{MD}

Cheveux d'ange cuits ou riz jasmin cuit

Huile de sésame

1. Combiner tous les ingrédients pour la sauce dans un petit bol ; réserver.

2. Pour le sauté, mélanger le bœuf tranché avec le sel et réserver. Faire chauffer un wok à feu vif environ 1 minute, ou jusqu'à ce qu'il soit chaud. Faire chauffer 30 ml (2 c. à soupe) d'huile d'arachide dans le wok. Ajouter la moitié du bœuf et faire sauter 2 minutes, ou jusqu'à ce que le bœuf soit cuit. Ne pas trop cuire. Mettre le bœuf dans un grand bol. Répéter avec le bœuf restant et mettre dans le bol.

3. Réduire à feu moyen-vif. Faire chauffer les 15 ml (1 c. à soupe) restants d'huile d'arachide dans le wok. Ajouter le mélange de légumes et faire sauter de 5 à 7 minutes, ou jusqu'à ce que les légumes soient tendres. Ajouter le bœuf cuit et la sauce au wok. Cuire en remuant jusqu'à ce que la sauce épaississe et que le bœuf soit bien chaud.

4. Servir sur les cheveux d'ange ou sur le riz, arrosé d'un filet d'huile de sésame.

Porc aigre-doux

Du début à la fin 30 minutes   **Donne** 4 portions

450 g (1 lb) de filet de porc

1 boîte de 250 g (8 oz) de panure tempura pour fruits de mer, de type McCormick^{MD}

60 ml (¼ tasse) d'huile végétale

15 ml (1 c. à soupe) d'ail émincé en bouteille, de type Club House^{MD}

1 sac de 480 g (16 oz) de légumes asiatiques pour sauté, décongelés, de type C&W^{MD}

30 ml (2 c. à soupe) de concentré de jus d'orange congelé, décongelé, de type Minute Maid^{MD}

250 ml (1 tasse) de sauce aigre-douce, de type Kikkoman^{MD}

1 boîte de 250 ml (8 oz) de morceaux d'ananas dans leur jus, de type Dole^{MD}

1 boîte de 150 g (5 oz) de nouilles à chow mein, de type La Choy^{MD}

15 ml (1 c. à soupe) de graines de sésame (facultatif), de type Club House^{MD}

Sauce soya légère, de type Kikkoman^{MD} (facultatif)

Moutarde douce épicée, de type Inglehoffer^{MD}

1. Couper le porc en morceaux de 2,5 cm (1 po). Enrober du mélange à tempura en secouant pour enlever l'excédent.

2. Dans une grande poêle ou un wok, faire chauffer l'huile à feu vif. Lorsque l'huile commence à miroiter, ajouter le porc, et frire jusqu'à ce qu'il ait bien bruni et soit complètement cuit. Retirer à l'aide d'une cuillère à égoutter et mettre sur une assiette tapissée d'essuie-tout.

3. Ajouter l'ail à la poêle et faire sauter environ 30 secondes, ou jusqu'à ce que les arômes se dégagent, en remuant sans arrêt. Ajouter les légumes et sauter environ 4 minutes, ou jusqu'à ce qu'ils soient tendres. Incorporer le concentré de jus d'orange et la sauce aigre-douce. Porter à ébullition. Ajouter le porc et les morceaux d'ananas avec leur jus. Retourner à ébullition, en remuant sans arrêt, jusqu'à ce que le tout épaississe.

4. Disposer les nouilles de chow mein sur des plats de service individuels et déposer le porc par-dessus. Parsemer les graines de sésame (facultatif) sur chaque portion; servir accompagné de sauce soya (facultatif) et de moutarde douce épicée.

Côtelettes de porc avec pommes et courge d'hiver

Du début à la fin 30 minutes   Donne 4 portions

4 côtelettes de porc désossées, environ 1,9 cm (¾ po) d'épaisseur, parées

15 ml (1 c. à soupe) d'assaisonnement pour poulet de Montréal, de type Club House^{MD} La Grille^{MD}

15 ml (1 c. à soupe) d'huile d'olive extra vierge

1 oignon jaune moyen, finement tranché

1 boîte 340 g (12 oz) de courge d'hiver congelée, décongelée, de type Birds Eye^{MD}

1 boîte de 322 ml (10,75 oz) de crème de céleri condensée, de type Campbell's^{MD}

250 ml (1 tasse) de bouillon de poulet réduit en sodium

190 ml (¾ tasse) de cidre de pommes, de type Tree Top^{MD}

5 ml (1 c. à thé) de moutarde de Dijon

5 ml (1 c. à thé) de thym séché, de type Club House^{MD}

2 sachets de 72 g (2,4 oz) de pommes surettes, de type Chiquita^{MD}

1. Assaisonner les côtelettes de l'assaisonnement pour poulet.

2. Faire chauffer une grande poêle allant au four à feu moyen-vif ; lorsqu'elle est chaude, ajouter l'huile. Ajouter les côtelettes et faire brunir environ 4 minutes par côté. Transférer les côtelettes à une assiette.

3. Ajouter l'oignon à la poêle. Cuire de 2 à 3 minutes, ou jusqu'à ce que les tranches commencent à ramollir, en remuant souvent. Ajouter la courge. Couvrir et cuire de 3 à 5 minutes, ou jusqu'à ce que le tout soit à peine chaud, en remuant de temps en temps. Incorporer la crème condensée, le bouillon, le cidre et la moutarde. Ajouter le thym, en le frottant entre les doigts lors de son ajout à la poêle. Remettre les côtelettes dans la poêle et déposer les pommes par-dessus. Porter à ébullition ; réduire à feu doux. Couvrir et faire cuire pendant 10 minutes.

Gratin aux saucisses italiennes fortes

Préparation 15 minutes   Cuisson 35 minutes   Donne 4 portions

4 saucisses italiennes fortes, boyau retiré, de type Papa Cantella's^{MD}

2 boîtes de 300 ml (10 oz) d'épinards en feuilles congelés, de type C&W^{MD}

250 ml (1 tasse) de fromage ricotta, de type Precious^{MD}

125 ml (½ tasse) de crème de champignon condensée, de type Campbell's^{MD}

7,5 ml (1½ c. à thé) d'ail émincé en bouteille, de type Club House^{MD}

2,5 ml (½ c. à thé) d'assaisonnement tout usage, de type McCormick^{MD}

1,25 ml (¼ c. à thé) de flocons de piment rouge, de type McCormick^{MD}

1 bocal de 65 ml (2 oz) de piments forts rouges tranchés, égouttés, de type Dromedary^{MD}

190 ml (¾ tasse) d'oignons frits, de type French's^{MD}

1. Préchauffer le four à 180 °C (350 °F). Vaporiser un plat allant au four de 2 l (8 tasses) d'enduit antiadhésif.

2. Dans une grande poêle, faire brunir la saucisse à feu moyen, en brisant les gros morceaux. Égoutter et réserver.

3. Dans un bol allant au micro-ondes, faire chauffer les épinards 3 minutes. Essorer l'excédent d'eau. Essuyer le bol. Mélanger le fromage ricotta, la crème de champignons, l'ail, l'assaisonnement et les flocons de piment. Incorporer la saucisse, les épinards et les piments. Transférer au plat préparé. Faire cuire 30 minutes. Parsemer des oignons ; faire cuire 5 minutes de plus.

Pâté au poulet et au pesto

Préparation 15 minutes   **Cuisson** 15 minutes   **Temps de repos** 10 minutes   **Donne** 6 portions

Enduit antiadhésif, de type Pam^MD

30 ml (2 c. à thé) de beurre

60 ml (¼ tasse) de poivrons rouges rôtis, égouttés et hachés, de type Marzetti^MD

15 ml (1 c. à soupe) de farine pour sauce, de type Wondra^MD

5 ml (1 c. à thé) d'assaisonnement pour poulet de Montréal, de type Club House^MD La Grille^MD

1 sac de 500 g (16 oz) de mélange de légumes congelés, décongelés, de type Birds Eye^MD

1 boîte de 322 ml (10,75 oz) de crème de céleri, de type Campbell's^MD

500 ml (2 tasses) de poulet de rôtisserie haché

250 ml (1 tasse) de crème 11,5 % M.G. ou légère

125 ml (½ tasse) de fromage parmesan râpé, de type DiGiorno^MD

1 sachet de 15 g (½ oz) de mélange pour sauce pesto, de type Knorr^MD

1 tube de 330 ml (11 oz) de pâte réfrigérée pour bâtonnets à l'ail, de type Pillsbury^MD

1. Préchauffer le four à 220 °C (425 °F). Vaporiser un moule à tarte profond de 23 cm (9 po) d'enduit antiadhésif ; réserver.

2. Dans une grande casserole, faire fondre le beurre à feu moyen. Ajouter les poivrons hachés, la farine et l'assaisonnement à poulet. Cuire 30 secondes en remuant sans arrêt. Ajouter les légumes et la crème de céleri. Porter à ébullition ; réduire le feu. Cuire en remuant environ 5 minutes ou jusqu'à ce que le tout épaississe. Retirer du feu. Incorporer le poulet, la crème 11,5 % M.G., le fromage parmesan et le mélange pour sauce pesto. Verser le mélange dans le moule à tarte et répartir uniformément.

3. Dérouler et séparer la pâte pour bâtonnets de pain, en laissant les bouts courts connectés. En commençant au bord du moule, déposer la pâte en cercles concentriques par-dessus le mélange de poulet.

4. Faire cuire 15 minutes, ou jusqu'à ce que le pain soit doré et que la sauce bouillonne. Retirer du four et laisser reposer 10 minutes avant de servir.

Remarque : S'il reste de la pâte à bâtonnets, faire des nœuds avec elle et les servir avec le pâté.

Poulet thaï au cari vert avec maïs miniature

Du début à la fin 30 minutes   **Donne** 6 portions

45 ml (3 c. à soupe) d'huile végétale

30 + 10 ml (2 c. à soupe + 2 c. à thé) de mélange de gingembre émincé, de type Gourmet Garden^{MD}

15 ml (1 c. à soupe) de mélange à l'ail broyé en bouteille, de type Gourmet Garden^{MD}

1 emballage de 250 g (8 oz) de champignons tranchés

125 ml (½ tasse) d'oignons verts tranchés

570 g (1¼ lb) de poitrines de poulet désossées, sans peau, coupées en morceaux de 2,5 cm (1 po)

250 + 30 ml (1 tasse + 2 c. à soupe) de lait de coco léger, de type Thai Kitchen^{MD}

250 ml (1 tasse) de bouillon de poulet réduit en sodium, de type Swanson^{MD}

30 à 45 ml (2 à 3 c. à soupe) de pâte de cari vert, de type Thai Kitchen^{MD}

450 g (1 lb) de pois mange-tout, rincés, tiges retirées

1 boîte de 455 ml (15 oz) de maïs miniatures, chaque épi coupé en 3 diagonalement

2 emballages de 264 g (8,8 oz) de riz au poulet rôti précuit, de type Uncle Ben's^{MD} Ready Rice

Brins de coriandre fraîche (facultatif)

1. Préchauffer le four à 77 °C (170 °F)

2. Dans une grande poêle ou un wok, faire chauffer l'huile à feu vif. Lorsque l'huile commence à miroiter, ajouter 30 ml (2 c. à soupe) de gingembre et l'ail, en remuant jusqu'à ce que les arômes se dégagent, environ 30 secondes. Ajouter les champignons et les oignons verts; faire cuire 3 minutes en remuant sans arrêt. Ajouter le poulet; cuire environ 5 minutes, ou jusqu'à ce que le poulet ne soit plus rose, en remuant de temps en temps.

3. Ajouter 250 ml (1 tasse) du lait de coco, le bouillon de poulet et la pâte de cari. Porter à ébullition et ajouter les pois mange-tout et le maïs miniature. Réduire à feu moyen et laisser mijoter 10 minutes.

4. Réchauffer le riz au micro-ondes selon les instructions de l'emballage. Vider le riz délicatement dans un bol, et incorporer les 30 ml (2 c. à soupe) restants de lait de coco et les 10 ml (2 c. à thé) restants de gingembre.

5. Servir le poulet sur le riz chaud et garnir de coriandre (facultatif).

Remarque : S'assurer que tous les ingrédients soient préparés et prêts à utiliser. La cuisson de ce repas est très rapide.

Poulet grec à la mijoteuse

Mijoteuse de 4 l (16 tasses)   **Préparation** 5 minutes   **Cuisson** 6 à 8 heures (à faible intensité)   **Donne** 4 portions

8 cuisses de poulet désossées, sans peau

5 ml (1 c. à thé) de sel

10 ml (2 c. à thé) d'assaisonnement grec, de type Club House^{MD}

375 ml (1½ tasse) d'oignons hachés congelés, de type Ore-Ida^{MD}

1 boîte de 322 ml (10,75 oz) de crème de poulet condensée, de type Campbell's^{MD}

1 boîte de 435 ml (14,5 oz) de tomates en dés avec basilic, ail et origan, égouttées, de type Del Monte^{MD}

1 boîte de 114 ml (3,8 oz) d'olives noires tranchées, de type Early California^{MD}

30 ml (2 c. à soupe) de jus de citron congelé, décongelé, de type Minute Maid^{MD}

Riz cuit chaud

1. Saler le poulet et ajouter l'assaisonnement grec. Dans la mijoteuse, mettre les oignons et déposer le poulet par-dessus. Dans un bol, mélanger la soupe, les tomates, les tomates et les olives; verser sur le poulet.

2. Couvrir et cuire à faible intensité de 6 à 8 heures. Incorporer le jus de citron. Servir chaud sur le riz cuit chaud.

Poulet à l'étouffée

Préparation 20 minutes   **Rôtir** 45 minutes   **Donne** 6 portion

125 ml (½ tasse) de mayonnaise, de type Best Foods^MD/ Hellmann's^MD

15 ml (1 c. à soupe) d'assaisonnement aux fines herbes françaises pour le rôtissage, de type McCormick^MD

2,5 ml (½ c. à thé) de sel à l'ail, de type Club House^MD

1,3 kg (3 lb) de morceaux charnus de poulet (demi-poitrines, cuisses et pilons)

4 grandes échalotes françaises, pelées et tranchées

15 ml (1 c. à soupe) d'huile d'olive extra vierge

500 ml (2 tasses) de vin blanc sec

125 ml (½ tasse) de crème riche en matière grasse

1 sachet de 48 g (1,6 oz) de mélange pour sauce à l'ail et fines herbes, de type Knorr^MD

Sel et poivre noir moulu

1. Préchauffer le four à 190 °C (375 °F).

2. Dans un bol, mélanger la mayonnaise, l'assaisonnement aux fines herbes et le sel à l'ail ; badigeonner généreusement sur les morceaux de poulet. Mettre le poulet dans une rôtissoire peu profonde. Mélanger les échalotes tranchées avec l'huile d'olive et parsemer autour du poulet.

3. Rôtir de 45 à 55 minutes, ou jusqu'à ce que le poulet ne soit plus rose près de l'os et que le jus de cuisson soit clair (77 °C [170 °F] pour les poitrines ; 82 °C [180 °F] pour les cuisses et pilons). Transférer le poulet à un plat de service ; couvrir lâchement de papier d'aluminium pour conserver la chaleur. Laisser les échalotes dans la rôtissoire.

4. Mettre la rôtissoire sur la cuisinière à feu moyen-vif. Déglacer la rôtissoire avec le vin blanc et réduire de moitié. Incorporer la crème et le mélange pour sauce. Porter à ébullition ; réduire le feu. Laisser mijoter environ 3 minutes, ou jusqu'à ce que le tout épaississe, en remuant de temps en temps. Saler et poivrer au goût. Verser la sauce chaude sur le poulet.

Orzo de dinde à la piccata

Du début à la fin 25 minutes   **Donne** 4 portions

250 ml (1 tasse) d'orzo, de type Barilla^{MD}

375 ml (1½ tasse) de légumes cuits provenant de restants, en dés

125 ml (½ tasse) de vin blanc

90 ml (6 c. à soupe) de beurre

190 ml (¾ tasse) de bouillon de poulet réduit en sodium, de type Swanson^{MD}

45 ml (3 c. à soupe) de jus de citron congelé, décongelé, de type Minute Maid^{MD}

5 ml (1 c. à thé) de purée d'ail en bouteille, de type Gourmet Garden^{MD}

500 ml (2 tasses) de lanières de dinde cuite

30 ml (2 c. à soupe) de câpres, égouttées

30 ml (2 c. à soupe) de persil finement haché

1. Dans une casserole d'eau salée bouillante, faire cuire l'orzo selon les instructions de l'emballage. Égoutter et remettre dans la casserole. Couvrir pour conserver la chaleur.

2. Mettre les légumes dans un petit bol allant au micro-ondes. Faire cuire au micro-ondes, couvert, à intensité élevée pendant 1 à 2 minutes. Ajouter les légumes à l'orzo dans la casserole.

3. Pendant que les pâtes cuisent, réduire le vin à 30 ml (2 c. à soupe) à feu moyen-vif dans une grande poêle. Réduire à feu moyen et ajouter le beurre. Une fois que le beurre a fondu, incorporer le bouillon, le jus de citron et l'ail. Ajouter la dinde et réchauffer de 3 à 4 minutes, ou jusqu'à ce que le tout soit bien chaud. Incorporer les câpres et le persil. Retirer du feu.

4. Servir la dinde sur l'orzo aux légumes chaud.

Bifteck frit style poulet avec sauce à la mode du Sud

Préparation 35 minutes   **Cuisson** 1 heure   **Donne** 4 portions

250 ml (1 tasse) de farine tout usage

2 sachets de 30 g (1 oz) de mélange sec pour vinaigrette ranch, de type Hidden Valley^{MD}

Sel et poivre

750 ml (3 tasses) de babeurre

1 œuf, légèrement battu

450 g (1 lb) de bifteck attendri, coupé en 4 morceaux

Huile pour friture

250 ml (1 tasse) de bouillon de poulet, de type Swanson^{MD}

1 sachet de 79 g (2,64 oz) de mélange pour sauce campagnarde, de type McCormick^{MD}

Pommes de terre pilées

1. Dans un grand sac de plastique refermable, combiner la farine, 1 sachet de mélange pour vinaigrette, et le sel et le poivre. Réserver. Dans un bol peu profond, combiner 500 ml (2 tasses) du babeurre, le sachet de vinaigrette restant et l'œuf.

2. Tremper les morceaux de bifteck dans le mélange de babeurre. Retirer 1 morceau et laisser égoutter. Ajouter au mélange de farine, refermer le sac et secouer pour enrober. Secouer pour retirer tout excédent et tremper de nouveau dans le mélange de babeurre. Remettre dans le mélange de farine, refermer le sac et secouer; réserver. Répéter ces étapes pour les biftecks restants.

3. Dans une grande poêle en fonte, faire chauffer 1,3 cm (½ po) d'huile à 180 °C (350 °F). Frire 2 biftecks dans la poêle à la fois environ 4 minutes par côté ou jusqu'à ce qu'ils aient bien bruni. Laisser égoutter sur des essuie-tout.

4. Pour la sauce, combiner les 250 ml (1 tasse) restants de babeurre, le bouillon et le mélange pour sauce dans une petite casserole. Faire mijoter et bien mélanger. Verser à la cuillère sur les biftecks et les pommes de terre.

Du four

L'expression «Rien ne dit amour comme quelque chose frais du four» fait peut-être référence aux pâtisseries, mais dans mon livre, elle fait aussi bien référence aux repas rôtis qui remplissent la maison d'arômes délicieux lorsqu'ils cuisent. L'un des meilleurs aspects des repas au four est que, au contraire des repas que l'on cuit sur la cuisinière, vous pouvez aller faire autre chose et revenir à un repas prêt à servir.

Rôti de bœuf braisé avec pouding Yorkshire

Préparation 15 minutes   **Refroidissement** 1 heure   **Rôtir** 4¼ heures   **Cuisson** 20 minutes   **Donne** 6 portions

POUDING YORKSHIRE

250 ml (1 tasse) de mélange à pâte tout usage, de type Pioneer^MD

3 œufs

250 ml (1 tasse) de lait

RÔTI

900 g (2 lb) de rôti de haut de surlonge

60 ml (¼ tasse) de farine tout usage

1 sachet de 22 g (0,75 oz) de mélange à sauce aux champignons, de type Club House^MD

5 ml (1 c. à thé) de poivre noir moulu

60 ml (4 c. à soupe) d'huile d'olive extra vierge

125 ml (½ tasse) d'oignons hachés congelés, décongelés, de type Ore-Ida^MD

15 ml (1 c. à soupe) de mélange d'ail en bouteille, de type Gourmet Garden^MD

2 grosses carottes, hachées

2 tiges de céleri, avec les feuilles, hachées

1 feuille de laurier, de type Club House^MD

2,5 ml (½ c. à thé) de thym séché, de type Club House^MD

2 boîtes de 322 ml (10,75 oz) de consommé de bœuf, de type Campbell's^MD

125 ml (½ tasse) de vin rouge

30 ml (2 c. à soupe) de sauce soya réduite en sodium, de type Kikkoman^MD

1 emballage de 250 g (8 oz) de petits champignons de Paris, nettoyés

1. Pour le pouding Yorkshire, combiner le mélange pour pâte, les œufs et le lait dans un petit bol jusqu'à l'obtention d'une consistance lisse. Couvrir et réfrigérer au moins 1 heure.

2. Pour le rôti, préchauffer le four à 230 °C (450 °F). Dans une assiette peu profonde, combiner la farine, 22,5 ml (1½ c. à soupe) du mélange à sauce aux champignons et le poivre ; presser ce mélange sur la viande, et secouer pour enlever l'excédent. Jeter le mélange de farine restant.

3. Dans une grande poêle à fond épais, faire chauffer 30 ml (2 c. à soupe) de l'huile d'olive à feu moyen-vif. Faire brunir le rôti des 2 côtés, environ 5 à 6 minutes.

4. Dans un faitout de 6 l (24 tasses), chauffer les 30 ml (2 c. à soupe) restants d'huile d'olive à feu moyen-vif. Ajouter les oignons et l'ail ; cuire environ 5 minutes, en remuant souvent. Ajouter les carottes, le céleri, la feuille de laurier et le thym ; cuire en remuant pendant environ 5 minutes de plus. Ajouter le consommé, le vin rouge, la sauce soya et le restant du mélange pour sauce. Ajouter la viande et parsemer des champignons. Mettre le couvercle sur le faitout.

5. Faire rôtir 15 minutes. Réduire la température du four à 107 °C (225 °F). Rôtir 4 heures. Retirer du four.

6. Augmenter la température du four à 230 °C (450 °F). Retirer le rôti du faitout et le trancher. Retirer la sauce ; en laisser 250 ml (1 tasse) dans le faitout. Remettre le bœuf tranché dans le faitout ; verser le reste de la sauce sur le bœuf.

7. Lorsque la température du four atteint 230 °C (450 °F), retirer la pâte du réfrigérateur et la verser sur le rôti. Faire cuire de 20 à 25 minutes, ou jusqu'à ce que le pouding soit gonflé et doré. Servir immédiatement.

Côtes levées de bœuf de Boum boum

Préparation 15 minutes **Mariner** 15 minutes **Rôtir** 1½ heure **Repos** 10 minutes **Donne** 4 portions

1,8 kg (4 lb) de côtes levées de dos de bœuf charnues

60 + 10 ml (¼ tasse + 2 c. à thé) d'épices pour bifteck, de type McCormick^{MD} Grill Mates^{MD}

250 ml (1 tasse) de ketchup, de type Heinz^{MD}

60 ml (¼ tasse) de confiture d'abricots, de type Knott's^{MD}

60 ml (¼ tasse) de cassonade tassée, de type C&H^{MD}

30 ml (2 c. à soupe) de sauce chili-ail, de type Lee Kum Kee^{MD}

1 piment habanero, épépiné et émincé

30 ml (2 c. à soupe) de vinaigre de vin rouge, de type Pompeian^{MD}

1. Préchauffer le four à 230 °C (450 °F). Tapisser une plaque à pâtisserie avec rebords de papier d'aluminium; réserver.

Couper les côtes levées en portions individuelles. Disposer sur la plaque à pâtisserie et enrober les côtes levées des 60 ml (¼ tasse) d'épices pour bifteck. Laisser reposer 15 minutes.

2. Rôtir les côtes levées 30 minutes.

3. Entre-temps, combiner les 10 ml (2 c. à thé) restants d'épices à bifteck, le ketchup, la confiture d'abricots, la cassonade, la sauce chili-ail, le piment habanero et le vinaigre dans une petite casserole. Porter à ébullition. Réduire le feu et laisser mijoter 5 minutes. Garder au chaud.

4. Retirer les côtes levées du four et réduire la température du four à 160 °C (325 °F). Attendre que la température du four baisse.

5. Badigeonner généreusement les côtes levées avec la sauce et remettre au four. Poursuivre la cuisson 1 heure, en arrosant de sauce après 30 minutes. Retirer du four et badigeonner du restant de la sauce. Laisser reposer 10 minutes avant de servir.

Rôti de culotte barbecue

Préparation 15 minutes **Mariner** 12 à 18 heures **Repos** 30 minutes + 15 minutes **Cuisson** 30 minutes **Donne** 4 portions

1 rôti de culotte de bœuf de 900 g (2 lb)

15 ml (1 c. à soupe) d'épices pour bifteck de Montréal, de type Club House^{MD} La Grille^{MD}

250 ml (1 tasse) de bourbon, de type Jim Beam^{MD}

60 ml (¼ tasse) d'assaisonnement au poivre concassé et aux fines herbes pour grillades, de type McCormick^{MD}

5 ml (1 c. à thé) de piment chili chipotle moulu, de type Club House^{MD}

5 ml (1 c. à thé) de fumée liquide d'hickory, de type Wright's^{MD}

2 oignons jaunes moyens, finement tranchés

1 bouteille de 540 ml (18 oz) de sauce barbecue au noyer, réchauffée, de type Bull's-Eye^{MD}

1. Frictionner le rôti avec les épices pour bifteck; mettre dans un grand sac de plastique refermable. Ajouter le bourbon. Retirer l'air et sceller. Mariner au réfrigérateur toute une nuit.

2. Préchauffer le four à 190 °C (375 °F). Retirer la viande de la marinade et l'assécher en tapotant. Dans un petit bol, mélanger l'assaisonnement aux fines herbes et le piment chipotle. Frictionner le rôti avec la fumée liquide et appliquer le mélange d'épices sur la viande en tapotant. Laisser reposer à température ambiante pendant 30 minutes.

3. Mettre la viande et les oignons dans un plat de 23 x 33 cm (9 x 13 po) allant au four. Recouvrir de papier d'aluminium et faire cuire de 20 à 25 minutes, ou jusqu'à ce qu'un thermomètre à mesure instantanée inséré dans la partie la plus épaisse du rôti indique 50 °C (125 °F).

4. Retirer le papier d'aluminium et poursuivre la cuisson de 10 à 15 minutes de plus, ou jusqu'à ce que la viande soit bien brune et qu'un thermomètre à mesure instantanée inséré dans la partie la plus épaisse du rôti indique 57 °C (135 °F) pour une cuisson mi-saignante. Retirer du four et recouvrir de papier d'aluminium; laisser reposer 15 minutes avant de trancher. Trancher contre le grain. Disposer les tranches de viande sur un plateau accompagné des oignons rôtis du plat. Servir avec la sauce barbecue réchauffée.

Rôti de porc aux fines herbes avec pommes de terre pilées à l'ail et au babeurre

Préparation 5 minutes   **Rôtir** 1¼ heure   **Repos** 10 minutes   **Donne** 4 portions

15 ml (1 c. à soupe) d'assaisonnement ail et fines herbes sans sel ajouté, de type Club House^{MD}

15 ml (1 c. à soupe) de fines herbes, de type Club House^{MD}

15 ml (1 c. à soupe) de mélange d'ail en bouteille, de type Gourmet Garden^{MD}

15 ml (1 c. à soupe) de jus de citron congelé, décongelé, de type Minute Maid^{MD}

1 rôti de contre-filet de porc désossé de 1,1 kg (2½ lb)

1. Préchauffer le four à 230 °C (450 °F).

2. Bien mélanger l'assaisonnement ail et fines herbes, les fines herbes, l'ail et le jus de citron dans un petit bol. Frictionner sur le rôti de porc et le déposer dans une rôtissoire peu profonde.

3. Mettre le rôti au four et réduire la température du four à 160 °C (325 °F). Rôtir environ 1¼ heure, ou jusqu'à ce qu'un thermomètre à mesure instantanée inséré dans la partie la plus épaisse du rôti indique 65 °C (150 °F). Retirer du four ; laisser reposer 10 minutes avant de trancher. Servir accompagné des pommes de terre pilées.

Pommes de terre pilées à l'ail et au babeurre : Faire cuire 1 sac de 720 g (24 oz) de pommes de terre Russet coupées congelées, de type Ore-Ida^{MD} Steam n' Mash^{MD}, au micro-ondes selon les instructions de l'emballage. Piler avec 165 ml (⅔ tasse) de babeurre, 30 ml (2 c. à soupe) de beurre, 10 ml (2 c. à thé) de mélange d'ail en bouteille, et le sel et le poivre au goût.

Côtes levées de dos braisées

Préparation 5 minutes   **Mariner** 30 minutes   **Cuisson** 3 heures + 15 minutes   **Donne** 4 portions

2 morceaux de côtes levées de dos de porc, coupés en portions individuelles

60 ml (¼ tasse) d'assaisonnement pour porc, de type McCormick^{MD}

30 ml (2 c. à soupe) d'huile végétale

2 enveloppes de mélange pour soupe à l'oignon, de type Lipton^{MD}

5 canettes de 355 ml (12 oz) de soda, de type Dr Pepper^{MD}

1 bouteille de 540 ml (18 oz) de sauce barbecue, réchauffée, de type Bull's-Eye^{MD}

1. Préchauffer le four à 150 °C (300 °F). Enrober les côtes levées de l'assaisonnement pour porc ; laisser reposer à température ambiante 30 minutes. Dans une grande poêle, faire chauffer l'huile à feu moyen-vif. En travaillant par lots, faire brunir le côté charnu des côtes levées dans l'huile chaude. Disposer les côtes levées dans 2 plats de 23 x 33 cm (9 x 13 po) allant au four, côté charnu vers le bas. Saupoudrer 1 enveloppe de mélange pour soupe à l'oignon sur chaque plat de côtes levées. Verser 2½ canettes de soda dans chaque plat. Recouvrir les plats de papier d'aluminium.

2. Faire cuire 3 heures en vérifiant de temps en temps pour s'assurer que le liquide ne s'évapore pas complètement. Transférer les côtes levées à une plaque à pâtisserie avec rebords, côté charnu vers le haut. Réserver. Réserver le liquide de rôtissage ; retirer le gras. Augmenter la température du four à 190 °C (375 °F).

3. Dans une casserole moyenne, porter la sauce barbecue et 250 ml (1 tasse) du liquide de rôtissage réservé à ébullition. Réduire le feu ; laisser mijoter environ 15 minutes, ou jusqu'à ce que le tout épaississe. Badigeonner les côtes levées avec un peu de sauce barbecue et cuire au four 15 minutes. Couper en portions individuelles. Servir les côtes levées chaudes accompagnées de sauce.

Filet de porc farci avec sauce au vin rouge

Préparation 30 minutes   **Rôtir** 20 minutes   **Repos** 10 minutes   **Donne** 4 portions

PORC

1 filet de porc de 675 g (1½ lb)

30 ml (2 c. à soupe) d'assaisonnement aux fines herbes françaises pour rôtis, de type McCormick^{MD}

1 emballage de 90 g (3 oz) de prosciutto

4 à 6 bâtonnets de fromage à effilocher

30 ml (2 c. à soupe) d'huile d'olive extra vierge

SAUCE AU VIN

250 ml (1 tasse) de vin rouge sec

30 ml (2 c. à soupe) de beurre, en cubes

1,25 ml (¼ c. à thé) de vinaigre blanc ou de vinaigre de cidre

1. Préchauffer le four à 220 °C (425 °F). Vaporiser une plaque à pâtisserie d'enduit antiadhésif ; réserver.

2. Retirer la couche de gras superficiel du filet. Couper sur le long en faisant attention de ne pas couper complètement à travers la viande. Ouvrir la viande et assaisonner les 2 côtés de l'assaisonnement aux fines herbes. Entourer chaque bâtonnet de fromage de prosciutto. Déposer le fromage enveloppé au centre du filet. Refermer le filet et l'attacher à des intervalles de 2,5 cm (1 po) à l'aide de ficelle de cuisine en coton à 100 % ; utiliser des cure-dents pour refermer les extrémités.

3. Dans une grande poêle, faire chauffer l'huile à feu moyen. Faire brunir le filet de 6 à 8 minutes, en le retournant souvent. Lorsqu'il a légèrement bruni, transférer le filet à la plaque à pâtisserie. Rôtir de 20 à 30 minutes, ou jusqu'à ce qu'un thermomètre à mesure instantanée inséré dans la partie la plus épaisse du rôti (mais pas dans le fromage) indique 68 °C (155 °F). Retirer du four et laisser reposer 10 minutes. Trancher la viande ; disposer sur un plateau ou sur des assiettes.

4. Ajouter le vin à la poêle. Porter à ébullition. Faire cuire jusqu'à ce que le vin soit réduit à 125 ml (½ tasse). Retirer du feu ; incorporer le beurre en remuant. Ajouter le vinaigre. Verser la sauce sur et autour de la viande tranchée.

Côtelettes de porc farcies d'épinards et de ricotta

Préparation 30 minutes   **Cuisson** 15 minutes   **Donne** 4 portions

4 côtelettes de porc avec l'os d'une épaisseur de 3,8 cm (1½ po)

Sel et poivre noir moulu

310 ml (1¼ tasse) de mélange 4 fromages, de type Sargento^{MD}

125 ml (½ tasse) de fromage ricotta

30 ml (2 c. à soupe) de fromage asiago râpé, de type Sargento^{MD}

1 emballage de 300 ml (10 oz) d'épinards congelés, décongelés et essorés

60 ml (¼ tasse) de chapelure nature

10 ml (2 c. à thé) d'assaisonnement à l'italienne, de type Club House^{MD}

10 ml (2 c. à thé) d'ail broyé en bouteille, de type Club House^{MD}

30 ml (2 c. à soupe) d'huile végétale

1. Préchauffer le four à 230 °C (450 °F). Couper une fente dans chaque côtelette de porc sur le long côté gras, en laissant 3 côtés intacts. Saler et poivrer.

2. Pour la farce, combiner les fromages dans un bol moyen. Ajouter les épinards, la chapelure, l'assaisonnement à l'italienne et l'ail ; bien mélanger. Saler et poivrer au goût. Remplir chaque côtelette de farce. Refermer les côtelettes ; utiliser des cure-dents pour tenir si nécessaire.

3. Dans une grande poêle allant au four, faire chauffer l'huile à feu moyen-vif. Faire cuire les côtelettes, sans les déplacer, 3 minutes, ou jusqu'à ce qu'elles aient bruni. Retourner ; cuire 3 minutes de plus, ou jusqu'à ce qu'elles aient bruni. Mettre la poêle au four ; cuire de 15 à 20 minutes, ou jusqu'à ce qu'un thermomètre inséré dans le centre de la farce indique 60 °C (140 °F), en retournant les côtelettes à la mi-cuisson.

Poulet rôti glacé aux champignons

Préparation 10 minutes   **Rôtir** 2 heures 5 minutes   **Repos** 10 minutes   **Donne** 6 portions

1 poulet à rôtir de 1,3 à 1,8 kg (3 à 4 lb)

15 ml (1 c. à soupe) de sel kascher

10 ml (2 c. à thé) de poivre noir grossièrement moulu

1 emballage de 250 g (8 oz) de mini portobellos entiers

45 ml (3 c. à soupe) d'ail émincé en bouteille, de type Club House^{MD}

1 sachet de 22,5 g (0,75 oz) de mélange à sauce aux champignons, de type Club House^{MD}

60 ml (¼ tasse) de miel

1. Préchauffer le four à 230 °C (450 °F).

2. Frictionner le poulet avec le sel et le poivre. Mélanger les champignons avec 30 ml (2 c. à soupe) de l'ail et en farcir le poulet. Attacher les cuisses ensemble avec de la ficelle de cuisine en coton à 100 %. Placer le poulet sur une grille de métal dans une grande rôtissoire. Rôtir le poulet 15 minutes. Réduire la température du four à 160 °C (325 °F). Rôtir le poulet 20 minutes de plus.

3. Pour le glaçage, pendant que le poulet rôtit, combiner le mélange pour sauce, le miel et l'ail restant dans un petit bol. Badigeonner le poulet du glaçage. Rôtir 1½ à 2 heures de plus, ou jusqu'à ce qu'un thermomètre à mesure instantanée inséré dans la partie la plus épaisse de la cuisse indique 82 °C (180 °F). Badigeonner de glaçage toutes les 30 minutes.

4. Transférer le poulet à une planche à découper et laisser reposer 10 minutes. Couper la ficelle des cuisses et mettre les champignons dans un bol. Découper la volaille et servir.

Poulet croustillant pané au parmesan et aux oignons

Préparation 15 minutes   **Cuisson** 30 minutes   **Donne** 4 portions

750 ml (3 tasses) d'oignons frits, de type French's

125 ml (½ tasse) de fromage parmesan râpé, de type DiGiorno^{MD}

60 ml (4 c. à soupe) de mayonnaise, de type Best Foods^{MD}/Hellmann's^{MD}

15 ml (1 c. à soupe) d'assaisonnement à l'italienne, de type Club House^{MD}

30 ml (2 c. à soupe) de moutarde de Dijon, de type Grey Poupon^{MD}

8 cuisses de poulet désossées et sans peau

1. Préchauffer le four à 180 °C (350 °F). Légèrement vaporiser une plaque à pâtisserie d'enduit antiadhésif; réserver.

2. Dans un robot culinaire, combiner les oignons frits et le fromage parmesan. Actionner par pulsations jusqu'à ce que le tout soit finement broyé. Transférer à une assiette et réserver.

3. Dans un petit bol, combiner la mayonnaise, l'assaisonnement à l'italienne et la moutarde. Enrober le poulet du mélange à la mayonnaise, puis passer le poulet dans le mélange d'oignons frits. Placer sur la plaque à pâtisserie préparée. Faire cuire environ 35 minutes, ou jusqu'à ce qu'un thermomètre à mesure instantanée inséré dans la partie la plus épaisse de la cuisse indique 82 °C (180 °F). Servir chaud.

Pavé au poulet crémeux

Préparation 10 minutes   **Cuisson** 25 minutes   **Donne** 4 portions

30 ml (2 c. à soupe) de beurre, fondu

1 boîte de 322 ml (10,75 oz) de crème de poulet condensée, de type Campbell's^{MD}

1 bocal de 375 ml (12 oz) de sauce au poulet classique, de type Heinz^{MD}

500 ml (2 tasses) de poulet de rôtisserie haché

1 sac de 500 g (16 oz) de légumes mixtes congelés, décongelés, de type C&W^{MD}

15 ml (3 c. à thé) d'assaisonnement pour poulet de Montréal, de type Club House^{MD} La Grille^{MD}

250 ml (1 tasse) de mélange à pâte tout usage, de type Bisquick^{MD}

375 ml (1½ tasse) de lait

1. Préchauffer le four à 200 °C (400 °F). Étendre le beurre fondu dans le fond d'un plat de 23 x 33 cm (9 x 13 po) allant au four.

2. Dans une grande casserole, mélanger la soupe, la sauce, le poulet, les légumes et 10 ml (2 c. à thé) de l'assaisonnement pour poulet. Bien réchauffer; retirer du feu. Entre-temps, combiner le mélange à pâte tout usage, le lait et les 5 ml (1 c. à thé) restants d'assaisonnement pour poulet en remuant jusqu'à ce que le mélange soit lisse. Verser la pâte dans le plat préparé. Déposer le mélange de poulet à la cuillère sur la pâte.

3. Faire cuire de 25 à 30 minutes, ou jusqu'à ce que le tout soit bien doré et bouillonnant. Servir chaud.

Poitrine de dinde avec pommes à la cannelle

Préparation 20 minutes   **Griller** 1¾ heure   **Repos** 10 minutes   **Donne** 12 portions

DINDE

125 ml (½ tasse) de beurre, ramolli

15 ml (1 c. à soupe) d'assaisonnement pour poulet de Montréal, de type Club House^MD La Grille^MD

1 sachet de 22 g (0,74 oz) de mélange pour cidre épicé, de type Alpine^MD

10 ml (2 c. à thé) d'ail broyé en bouteille, de type Club House^MD

1 poitrine de dinde entière, avec l'os, de 1,8 à 2,7 kg (4 à 6 lb)

Copeaux de bois d'érable, trempés dans l'eau au moins 30 minutes

POMMES À LA CANNELLE

6 pommes Granny Smith, étrognées et coupées en quartiers

80 ml (⅓ tasse) de cassonade tassée

80 ml (⅓ tasse) de pacanes hachées

80 ml (⅓ tasse) de raisins secs dorés

45 ml (3 c. à soupe) de beurre

5 ml (1 c. à thé) de cannelle moulue, de type Club House^MD

1. Installer la grille pour une cuisson indirecte à feu moyen (aucune source de chaleur directe en dessous de la dinde). Huiler la grille juste avant d'entamer la cuisson.

2. À l'aide d'une fourchette, mélanger le beurre, l'assaisonnement pour poulet, le mélange pour cidre et l'ail dans un petit bol. Décoller la peau de la poitrine de dinde autour du cou et passer les mains en dessous de la peau, en laissant la peau collée aux bords. Frotter la plus grande partie du beurre en dessous de la peau et un peu par-dessus la peau aussi.

3. Pour les pommes à la cannelle, placer les quartiers de pomme sur un grand morceau de papier d'aluminium épais. À l'aide d'une fourchette, mélanger la cassonade, les pacanes, les raisins secs dorés, le beurre et la cannelle dans un petit bol. Parsemer par-dessus les pommes et envelopper d'aluminium. Plier les rebords de la pochette pour éviter qu'elle coule.

4. Mettre les copeaux de bois trempés dans la boîte à fumée lors de l'utilisation d'un barbecue au gaz, et directement sur le charbon chaud lors de l'utilisation d'un barbecue à briquettes. Mettre la poitrine, peau vers le haut, sur la grille chaude huilée par-dessus une lèchefrite. Couvrir le barbecue. Faire cuire de 1¾ à 2¼ heures, ou jusqu'à ce qu'un thermomètre à mesure instantanée inséré dans la partie la plus épaisse de la poitrine, mais à l'écart de l'os, indique 77 °C (170 °F).

5. Pendant les 30 dernières minutes de cuisson, ajouter la pochette de pommes sur le gril. Retourner les pochettes après 15 minutes. Pour un barbecue au charbon, ajouter 10 briquettes de plus et quelques copeaux de bois trempé à chaque pile de charbon après 1 heure.

6. Transférer la dinde à un plateau et laisser reposer 10 minutes. Trancher et servir chaud avec les pommes à la cannelle.

Méthode à l'intérieur : Préchauffer le four à 160 °C (325 °F). Préparer la poitrine de dinde comme indiqué. Pour un goût fumé, ajouter 1,25 ml (¼ c. à thé) de fumée liquide au mélange de beurre. Mettre dans la rôtissoire et rôtir de 1½ à 2¼ heures, ou jusqu'à ce qu'un thermomètre à mesure instantanée inséré dans la partie la plus épaisse de la poitrine indique 77 °C (170 °F). Préparer les pommes selon les instructions, mais sans la pochette en papier d'aluminium, et ajouter à la rôtissoire pour les 30 dernières minutes de cuisson.

Filet de saumon au fenouil avec mélange de légumes

Préparation 15 minutes   **Cuisson** 25 minutes   **Donne** 4 portions

1 filet de saumon de 675 à 900 g (1½ à 2 lb)

5 ml (1 c. à thé) de sel kascher

10 ml (2 c. à thé) d'ail émincé en bouteille, de type Gourmet Garden^{MD}

1 bulbe de fenouil entier, finement tranché, feuillage réservé

1 emballage de 570 g (19 oz) de mélange de légumes assaisonnés congelés, de type Géant Vert^{MD}

60 ml (4 c. à soupe) de beurre non salé, coupé en 8 morceaux

1. Préchauffer le four à 190 °C (375 °F). Tapisser une plaque à pâtisserie avec rebords de longues feuilles de papier d'aluminium; laisser dépasser des bords pour pouvoir les sceller par-dessus le saumon.

2. Rincer le saumon et bien assécher avec des essuie-tout. Frotter le saumon avec le sel et le placer sur la plaque tapissée du papier d'aluminium, peau vers le bas. À l'aide du dos d'une cuillère, étaler l'ail uniformément sur le poisson. Poser les tranches de fenouil et les légumes congelés par-dessus. Déposer le beurre sur les légumes. Envelopper le papier d'aluminium autour du saumon sans serrer, mais en scellant bien pour que la vapeur ne s'échappe pas et en laissant de la place pour que l'air circule à l'intérieur.

3. Faire cuire de 25 à 35 minutes, ou jusqu'à ce que le saumon se défasse facilement lorsque piqué avec une fourchette. Mettre le saumon enveloppé de papier d'aluminium sur un plateau et développer à la table au moment du service. Servir immédiatement.

Flétan rôti avec légumes-racine rôtis

Du début à la fin 35 minutes   **Donne** 4 portions

Enduit antiadhésif à l'huile d'olive, de type Pam^{MD}

4 pommes de terre rouges moyennes, pelées et coupées en morceaux

2 rutabagas moyens, pelés et coupés en morceaux

2 petits navets, pelés et coupés en morceaux

2 petits oignons jaunes, pelés et coupés en morceaux

750 ml (3 tasses) de carottes tranchées congelées, décongelées, de type Birds Eye^{MD}

15 ml (1 c. à soupe) de mélange d'ail en bouteille, de type Gourmet Garden^{MD}

5 ml (1 c. à thé) de sel kascher

3,75 ml (¾ c. à thé) de poivre noir moulu

1 sachet de 48 g (1,6 oz) de mélange pour sauce à l'ail et aux fines herbes, de type Knorr^{MD}

250 ml (1 tasse) de lait

2 gros citrons, finement tranchés

4 filets de flétan de 180 à 240 g (6 à 8 oz)

30 ml (2 c. à soupe) d'huile d'olive extra vierge

1. Préchauffer le four à 260 °C (500 °F). Vaporiser 2 plats allant au four d'enduit antiadhésif.

2. Sur l'un des plats, combiner les pommes de terre, les rutabagas, les navets, les oignons, les carottes et l'ail. Vaporiser d'enduit antiadhésif, et mélanger avec la moitié du sel et du poivre. Réduire la température du four à 200 °C (400 °F). Rôtir 15 minutes en remuant de temps en temps. Rôtir de 15 à 20 minutes de plus, ou jusqu'à ce que les légumes soient tendres.

3. Pendant que les légumes rôtissent, incorporer le mélange pour sauce au lait à l'aide d'un fouet, dans une casserole moyenne. Porter à ébullition à feu vif. Réduire à feu doux et laisser mijoter environ 2 minutes, ou jusqu'à ce que le tout épaississe, en remuant de temps en temps. Garder la sauce au chaud.

4. Placer les tranches de citron sur le deuxième plat. Disposer le poisson sur les tranches de citron; saupoudrer le poisson du sel et du poivre restants. Arroser le poisson de l'huile d'olive. Rôtir de 10 à 12 minutes ou jusqu'à ce que le poisson se défasse facilement à la fourchette.

5. Disposer les légumes sur des plats de service et, à l'aide d'une spatule, transférer le poisson et les tranches de citron aux plats. Verser la sauce chaude à la cuillère sur le poisson. Servir immédiatement.

Desserts

Une petite sucrerie servie accompagnée d'un verre de lait ou d'une tasse de café ou de thé est une façon assurée de faire naître les sourires. Vous trouverez de quoi vous gâter en toute occasion dans cette collection de desserts; d'un gâteau décadent à quatre étages tout indiqué pour une célébration spéciale à une croustade chaude au chocolat et aux cerises qui conviendra à toutes les humeurs et en tout temps.

Décadence de papa en noir et blanc

Préparation 25 minutes   **Cuisson** 29 minutes   **Donne** 12 portions

Enduit antiadhésif, de type Pam^MD

1 boîte de 510 g (18,25 oz) de préparation pour gâteau au chocolat, de type Betty Crocker^MD

3 œufs

330 ml (1⅓ tasse) de lait au chocolat faible en gras, de type Nestlé^MD Quick^MD

125 ml (½ tasse) d'huile végétale

10 ml (2 c. à thé) d'extrait d'amande, de type Club House^MD

1 boîte de 500 ml (16 oz) de glaçage au chocolat noir, de type Betty Crocker^MD

1½ boîte de 500 ml (16 oz) de glaçage à la crème au beurre, de type Betty Crocker^MD

250 ml (1 tasse) de pépites de chocolat mi-sucré ou au lait, de type Nestlé^MD

250 ml (1 tasse) de pépites de chocolat blanc, de type Nestlé^MD

1. Préchauffer le four à 180 °C (350 °F). Vaporiser légèrement 2 moules à gâteau carrés de 20 cm (8 po) d'enduit antiadhésif ; réserver.

2. Dans un grand bol à mélanger, battre à la préparation pour gâteau, les œufs, le lait au chocolat, l'huile et 5 ml (1 c. à thé) de l'extrait d'amande pendant 30 secondes à l'aide d'un batteur électrique à basse vitesse. Racler les côtés du bol et battre à vitesse moyenne 2 minutes. Étaler la pâte dans les moules préparés.

3. Faire cuire de 29 à 34 minutes ou jusqu'à ce qu'un testeur ressorte propre et que les gâteaux commencent à se détacher des bords des moules. Laisser refroidir dans les moules 5 minutes ; retirer les gâteaux des moules et laisser refroidir sur des grilles.

4. Incorporer 2,5 ml (½ c. à thé) de l'extrait d'amande au glaçage au chocolat. Incorporer le restant de l'extrait d'amande au glaçage à la crème au beurre. Égaliser les gâteaux s'ils ont un dôme et trancher chaque couche en deux, horizontalement, à l'aide d'un couteau dentelé. Étager les gâteaux, en étalant du glaçage au chocolat entre chaque couche. Glacer l'extérieur du gâteau avec le glaçage à la crème au beurre. Pour terminer le gâteau, presser les pépites de chocolat brun et de chocolat blanc en alternance sur les côtés du gâteau.

Gâteau réfrigéré au beurre d'arachide et aux bretzels

Préparation 15 minutes   **Refroidissement** 20 minutes + 4 heures   **Donne** 8 portions

Enduit antiadhésif, de type Pam^{MD}

750 ml (3 tasses) de mini bretzels, de type Snyder's^{MD} of Hanover

15 ml (1 c. à soupe) de poudre de cacao non sucrée, de type Hershey's^{MD}

60 ml (¼ tasse) de sucre

1 bâtonnet de 112 g (½ tasse) de beurre, fondu

190 ml (¾ tasse) de garniture au chocolat, de type Mrs. Richardson's^{MD}

1 bocal de 198 g (7 oz) de crème de guimauve, de type Kraft^{MD}

190 ml (¾ tasse) de beurre d'arachide crémeux, de type Skippy^{MD} Natural

1 contenant de 250 ml (8 oz) de garniture fouettée, décongelée, de type Cool Whip^{MD}

Mini bretzels, de type Snyder's^{MD} of Hanover

Croquant aux arachides broyé

1. Vaporiser un moule à charnières de 20 cm (8 po) d'enduit antiadhésif; réserver.

2. Dans un robot culinaire, combiner les bretzels, la poudre de cacao et le sucre; réduire en fines miettes par pulsations. Ajouter le beurre fondu; mélanger par pulsations jusqu'à ce que le tout commence à se tenir. Presser le mélange dans le fond du moule.

3. Mettre la garniture au chocolat dans un bol allant au micro-ondes. Réchauffer au micro-ondes 30 secondes, ou jusqu'à ce qu'il soit chaud. Verser sur la croûte de bretzels. Refroidir au réfrigérateur pendant 20 minutes.

4. Dans un grand bol à mélanger, battre la crème de guimauve à l'aide d'un batteur électrique jusqu'à ce qu'elle soit lisse. Ajouter le beurre d'arachide et battre jusqu'à ce que le mélange soit lisse. Incorporer la garniture fouettée. Déposer sur la couche de chocolat à l'aide d'une cuillère. Refroidir au réfrigérateur pendant au moins 4 heures.

5. Pour servir, disposer des mini bretzels autour de la surface du gâteau et parsemer du croquant aux arachides. Trancher et servir bien froid.

Surprise aux baies de maman

Préparation 15 minutes   **Cuisson** 29 minutes   **Donne** 12 portions

Enduit antiadhésif, de type Pam^{MD}

1 boîte de 510 g (18,25 oz) de préparation pour gâteau doré, de type Betty Crocker^{MD}

3 œufs

250 ml (1 tasse) de babeurre

80 ml (⅓ tasse) d'huile végétale, de type Wesson^{MD}

60 ml (¼ tasse) d'eau

5 ml (1 c. à thé) d'extrait d'amande, de type Club House^{MD}

2 boîtes de 500 ml (16 oz) de glaçage à la crème au beurre, de type Betty Crocker^{MD}

625 ml (2½ tasses) de baies fraîches mélangées (framboises, mûres, bleuets), rincées et épongées

1. Préchauffer le four à 180 °C (350 °F). Vaporiser légèrement 2 moules à gâteau ronds de 20 cm (8 cm) d'enduit antiadhésif; réserver.

2. Dans un grand bol à mélanger, battre la préparation pour gâteau, les œufs, le babeurre, l'huile, l'eau et l'extrait d'amande avec un batteur électrique à basse vitesse pendant 30 secondes. Racler les côtés du bol et battre à vitesse moyenne pendant 2 minutes. Transférer aux moules préparés. Faire cuire de 29 à 34 minutes, ou jusqu'à ce qu'un testeur ressorte propre et que les gâteaux commencent à se détacher des bords des moules. Laisser refroidir dans les moules 5 minutes avant d'inverser sur une grille afin de refroidir complètement.

3. Égaliser les gâteaux s'ils ont un dôme et trancher chaque couche en deux, horizontalement, à l'aide d'un couteau denté. Superposer les 4 étages du gâteau, en étalant 125 ml (½ tasse) de glaçage et 125 ml (½ tasse) de baies sur chacun des 3 étages du bas avant d'ajouter l'étage supérieur. Glacer l'extérieur du gâteau avec le reste du glaçage. Disposer les baies restantes en cercle sur le dessus du gâteau.

Gâteau allemand au chocolat à l'envers

Préparer 15 minutes   **Cuisson** 29 minutes   **Donne** 12 portions

Enduit antiadhésif, de type Pam^{MD}

1 boîte de 510 g (18,25 oz) de préparation pour gâteau allemand au chocolat, de type Betty Crocker^{MD}

3 œufs

330 ml (1⅓ tasse) de lait au chocolat faible en gras, de type Nestlé^{MD} Quick^{MD}, ou d'eau

125 ml (½ tasse) d'huile végétale

15 ml (3 c. à thé) d'arôme artificiel de rhum, de type McCormick^{MD} (facultatif)

2 boîtes de 500 ml (16 oz) de glaçage à la noix de coco et aux pacanes, de type Betty Crocker^{MD}

1 boîte de 500 ml (16 oz) de glaçage au chocolat noir, de type Betty Crocker^{MD}

1. Préchauffer le four à 180 °C (350 °F). Vaporiser légèrement 2 moules à gâteau ronds de 20 cm (8 cm) d'enduit antiadhésif; réserver.

2. Dans un grand bol à mélanger, battre la préparation pour gâteau, les œufs, le lait au chocolat, l'huile et 5 ml (1 c. à thé) de l'extrait de rhum (si utilisé) avec un batteur électrique à basse vitesse pendant 30 secondes. Racler les côtés du bol et battre à vitesse moyenne pendant 2 minutes. Transférer aux moules préparés.

3. Faire cuire de 29 à 34 minutes, ou jusqu'à ce qu'un testeur ressorte propre et que les gâteaux commencent à se détacher des bords des moules. Laisser refroidir dans les moules 5 minutes avant d'inverser sur une grille afin de refroidir complètement.

4. Dans un bol moyen, mélanger le glaçage à la noix de coco et aux pacanes et 7,5 ml (1½ c. à thé) de l'extrait de rhum (si utilisé). Égaliser les gâteaux s'ils ont un dôme et trancher chaque couche horizontalement à l'aide d'un couteau denté. Superposer les étages du gâteau en étalant ⅓ du glaçage à la noix de coco et aux pacanes entre chacun. Incorporer les 2,5 ml (½ c. à thé) restants d'extrait de rhum (si utilisé) dans le glaçage au chocolat et glacer l'extérieur du gâteau.

Quatre-quarts marbré aux agrumes

Préparation 20 minutes   **Cuisson** 55 minutes   **Donne** 8 portions

Enduit antiadhésif, de type Pam^{MD}

1 boîte de 450 g (16 oz) de préparation pour quatre-quarts, de type Betty Crocker^{MD}

190 ml (¾ tasse) d'eau

2 œufs

5 ml (1 c. à thé) de gingembre moulu, de type Club House^{MD}

75 ml (5 c. à soupe) de concentré de limonade congelé, décongelé, de type Minute Maid^{MD}

2,5 ml (½ c. à thé) de zeste de citron râpé

Colorant alimentaire jaune, de type Club House^{MD}

45 ml (3 c. à soupe) de concentré de jus d'orange congelé, décongelé, de type Minute Maid^{MD}

2,5 ml (½ c. à thé) de zeste d'orange râpé

Colorant alimentaire rouge, de type Club House^{MD}

250 ml (1 tasse) de confiture de gingembre, de type Robertson's^{MD}

1. Préchauffer le four à 180 °C (350 °F). Vaporiser un moule à pain de 20 x 10 cm (8 x 4 po) d'enduit antiadhésif; réserver.

2. Dans un grand bol à mélanger, battre la préparation pour gâteau, l'eau, les œufs et le gingembre à l'aide d'un batteur électrique à basse vitesse pendant 30 secondes. Racler les côtés du bol et battre pendant 1 minute à vitesse moyenne. Verser la moitié de la pâte dans un autre grand bol; ajouter 45 ml (3 c. à soupe) du concentré de limonade, le zeste de citron et de 4 à 6 gouttes de colorant alimentaire jaune. Battre à vitesse moyenne pendant 1 minute. À l'autre moitié de pâte, ajouter le concentré de jus d'orange, le zeste d'orange, de 14 à 16 gouttes de colorant alimentaire jaune et de 8 à 10 gouttes de colorant alimentaire rouge. Battre à vitesse moyenne pendant 1 minute.

3. À l'aide d'une cuillère, déposer ⅓ de la pâte au citron et ⅓ de la pâte à l'orange en alternant dans le moule préparé et en utilisant toute la pâte. Passer un couteau dans la pâte pour créer un effet marbré.

4. Faire cuire de 55 à 60 minutes, ou jusqu'à ce qu'un testeur ressorte propre. Retirer du four; laisser complètement refroidir sur une grille.

5. Pour la glace au gingembre, faire fondre la confiture au gingembre et les 30 ml (2 c. à soupe) restants de concentré de limonade dans une petite casserole à feu moyen. Retirer du feu et laisser refroidir à la température ambiante.

6. Retirer le gâteau du moule et étaler la glace au gingembre par-dessus. Trancher et servir.

Croustade chaude au chocolat et aux cerises

Préparation 20 minutes   **Cuisson** 40 minutes   **Donne** 8 portions

Enduit antiadhésif, de type Pam^{MD}

1 boîte de 630 ml (21 oz) de garniture pour tarte aux cerises, de type Comstock^{MD}

1 boîte de 455 ml (15 oz) de cerises noires douces, égouttées, de type Oregon^{MD}

2,5 ml (½ c. à thé) d'extrait d'amande, de type Club House^{MD}

1 boîte de 198 g (6,88 oz) de biscottis au chocolat, de type Nonni's^{MD}

2 enveloppes de 28 g (1 oz) de mélange pour chocolat chaud, de type Swiss Miss^{MD}

60 ml (¼ tasse) de cassonade tassée, de type C&H^{MD}

15 ml (1 c. à soupe) de farine tout usage

2,5 ml (½ c. à thé) de poudre à pâte

190 ml (¾ tasse) de pépites de chocolat au lait, de type Ghirardelli^{MD}

90 ml (6 c. à soupe) de beurre, fondu

Sirop au chocolat, de type Hershey's^{MD}

1. Préchauffer le four à 180 °C (350 °F). Vaporiser un plat carré de 23 cm (9 po) allant au four d'enduit antiadhésif; réserver.

2. Dans un grand bol, combiner la garniture pour tarte aux cerises, les cerises et l'extrait d'amande. Verser dans le plat préparé; réserver.

3. Dans un robot culinaire, réduire les biscottis en miettes par pulsations. Ajouter le mélange pour chocolat chaud, la cassonade, la farine et la poudre à pâte; mélanger par pulsations. Dans un grand bol, combiner le mélange de biscottis et les pépites de chocolat. Arroser du beurre fondu et remuer jusqu'à ce que le mélange se tienne. Parsemer sur le mélange aux cerises.

4. Faire cuire de 40 à 45 minutes, ou jusqu'à ce que le tout bouillonne. Servir chaud avec un filet de sauce au chocolat.

Petits gâteaux « scooter »

Préparation 20 minutes   **Cuisson** 15 minutes   **Donne** 8 petits gâteaux

1 feuille de pâte feuilletée congelée, décongelée, de type Pepperidge Farm^{MD}

250 ml (1 tasse) de crème de guimauve, de type Kraft^{MD}

15 ml (1 c. à soupe) de beurre

45 ml (3 c. à soupe) de pouding et garniture pour tarte instantané crème à la banane, de type Jell-O^{MD}

500 ml (2 tasses) de sucre à glacer tamisé, de type C&H^{MD}

80 à 125 ml (⅓ à ½ tasse) de crème 35 % M.G.

5 ml (1 c. à thé) d'arôme artificiel de banane, de type Club House^{MD}

3 à 4 gouttes de colorant alimentaire jaune, de type Club House^{MD}

1. Préchauffer le four à 200 °C (400 °F). Tapisser 2 plaques à pâtisserie de papier sulfurisé et mettre une grille en métal par-dessus ; réserver.

2. Sur une surface légèrement enfarinée, dérouler la feuille de pâte feuilletée. À l'aide d'un emporte-pièce rond de 8,3 cm (3¼ po*), découper des cercles dans la pâte. Abaisser les retailles de pâte pour fabriquer 8 cercles au total. Placer sur les plaques à pâtisserie, à des intervalles de 5 cm (2 po).

3. Faire cuire de 15 à 18 minutes, ou jusqu'à ce qu'ils soient gonflés et dorés. Retirer du four et laisser refroidir complètement sur les grilles en métal.

4. Mettre la crème de guimauve et le beurre dans un bol allant au micro-ondes. Cuire au micro-ondes à puissance élevée pendant 1½ minute, en remuant toutes les 30 secondes ou jusqu'à ce que le mélange soit lisse. Incorporer le mélange pour pouding à la banane ; bien mélanger. Laisser refroidir à la température ambiante.

5. Dans un petit bol, mélanger le sucre à glacer, la crème, l'extrait de banane et le colorant alimentaire jusqu'à l'obtention de la consistance d'une glace lisse.

6. Pour servir, couper les cercles en 2 horizontalement. Déposer une cuillérée comble de mélange à la guimauve entre les couches. Placer les petits gâteaux sur la grille en métal. Verser la glace sur chaque gâteau. Laisser complètement refroidir jusqu'à ce que la glace ait durci.

*Remarque : Si on n'a pas d'emporte-pièce rond de 8,3 cm (3¼ po), utiliser une boîte d'ananas de 250 ml (8 oz) dont les 2 extrémités ont été enlevées.

Fondue au chocolat et au merlot

Du début à la fin 15 minutes   **Donne** 6 portions

SAUCE TREMPETTE

250 ml (1 tasse) de crème 35 % M.G.

5 ml (1 c. à thé) de poudre à expresso soluble, de type Medaglia D'Oro^{MD}

1 emballage de 360 g (12 oz) de pépites de chocolat au lait, de type Nestlé^{MD}

30 ml (2 c. à soupe) de merlot

10 ml (2 c. à thé) d'extrait de vanille, de type Club House^{MD}

ALIMENTS À TREMPER

Boules de gâteau au fromage congelé (utiliser une cuillère à melon)

Boules de tarte à la lime congelée

Pain au chocolat et aux griottes, coupé en cubes, de type La Brea Bakery^{MD}

Quatre-quarts, coupé en cubes

Pain à la citrouille, coupé en cubes

Brownies, coupés en cubes

Biscuits au sucre

Biscuits sablés

Tranches d'ananas séchés

Tranches de mangues séchées

1. Pour la sauce, combiner la crème et la poudre à expresso dans une casserole moyenne, et chauffer à feu moyen. Faire mijoter ; ajouter les pépites de chocolat, en remuant sans arrêt jusqu'à ce que les pépites soient fondues. Incorporer le vin et la vanille.

2. Transférer la sauce à un caquelon à fondue ou à une mijoteuse miniature pour la garder au chaud. Embrocher les aliments préférés et déguster !

Brownies d'amour au moka

Préparation 20 minutes   **Cuisson** 70 minutes   **Donne** 16 brownies

COUCHE DE BROWNIES

1 boîte de 557 g (19,9 oz) de préparation pour brownies au fudge, de type **Betty Crocker**^{MD}

60 ml (¼ tasse) de café double fort, refroidi, de type **Folgers**^{MD}

2 œufs

GARNITURE

1 paquet de 250 g (8 oz) de fromage à la crème, ramolli, de type **Philadelphia**^{MD}

875 ml (3½ tasses) de sucre à glacer tamisé

2 œufs

10 ml (2 c. à soupe) de café double fort, refroidi, de type **Folgers**^{MD}

1 boîte de 630 ml (21 oz) de garniture pour tarte aux cerises

1. Préchauffer le four à 180 °C (350 °F). Tapisser de papier d'aluminium un plat de 23 x 33 cm (9 x 13 po) allant au four. Vaporiser d'enduit antiadhésif.

2. Pour la couche de brownies, bien mélanger la préparation pour brownies, 60 ml (¼ tasse) de café double fort et 2 œufs dans un grand bol; réserver. Pour la garniture, battre le fromage à la crème et le sucre dans un bol à mélanger moyen à l'aide d'un batteur électrique, jusqu'à ce que le mélange soit crémeux. Ajouter 2 œufs et 30 ml (2 c. à soupe) de café double fort; battre jusqu'à ce que le tout soit bien mélangé.

3. Étaler la pâte à brownies dans le plat préparé. Verser la garniture au fromage à la crème sur la pâte à brownies et étaler pour recouvrir. Déposer la garniture aux cerises par-dessus à l'aide d'une cuillère.

4. Faire cuire pendant 15 minutes. Réduire la température à 160 °C (325 °F) et cuire 55 minutes de plus. Laisser complètement refroidir dans le plat avant de couper en carrés.

Biscuits croustillants à l'avoine et au beurre d'arachide

Préparation 15 minutes   **Refroidissement** 1 heure   **Cuisson** 10 minutes par lot   **Donne** 27 biscuits sandwichs

BISCUITS

1 sac (17,5 oz) de préparation pour biscuits à l'avoine, de type **Betty Crocker**^{MD}

1 bâtonnet de 112 g (½ tasse) + 30 ml (1 c. à soupe) de beurre, ramolli

1 œuf

90 ml (6 c. à soupe) de farine tout usage

60 ml (¼ tasse) de cassonade tassée, de type **C&H**^{MD}

GARNITURE

250 ml (1 tasse) de beurre d'arachide crémeux, de type **Skippy**^{MD} **Natural**

190 ml (¾ tasse) de sucre à glacer, tamisé, de type **C&H**^{MD}

Crème glacée à la gousse de vanille, de type **Häagen-Dazs**^{MD}

1. Préchauffer le four à 190 °C (375 °F). Tapisser une ou plusieurs plaques à pâtisserie de papier sulfurisé; réserver.

2. Pour les biscuits, mélanger la préparation pour biscuits, le beurre, l'œuf, la farine et la cassonade dans un grand bol, jusqu'à ce que la pâte se tienne. Former la pâte en 1 rouleau de 5,7 cm (2¼ po) de diamètre et l'envelopper de pellicule plastique. Réfrigérer au moins 1 heure. Couper le rouleau en tranches de 1,25 cm (¼ po). Transférer les tranches aux plaques à pâtisserie, en laissant un espace de 5 cm (2 po) entre chacune. Faire cuire de 10 à 12 minutes, ou jusqu'à ce qu'elles commencent à dorer. Retirer du four et laisser refroidir sur la plaque à pâtisserie pendant 5 minutes. Transférer les biscuits à une grille et laisser complètement refroidir.

3. Dans un bol, battre le beurre d'arachide et le sucre à glacer à basse vitesse. Déposer 15 ml (1 c. à soupe) de garniture entre 2 biscuits pour faire un sandwich. Servir accompagné de crème glacée.

BananAlaska

Préparation 30 minutes + assemblage final   **Congélation** 8 heures   **Donne** 12 portions

BISCUITS

1 rouleau de 510 g (16,5 oz) de pâte à biscuits au sucre réfrigérée, de type Pillsbury^{MD}

125 ml (½ tasse) de farine tout usage

POUDING

1 boîte de 153 g (5,1 oz) de pouding et garniture pour tarte instantané crème à la banane, de type Jell-O^{MD}

750 ml (3 tasses) de lait froid

1 banane, tranchée

GARNITURE À LA CRÈME GLACÉE

1,5 l (6 tasses) de glace vanille aux amandes suisses, ramollie au réfrigérateur pendant 2 heures, de type Häagen-Dazs^{MD}

125 ml (½ tasse) d'amandes effilées, rôties, de type Diamond^{MD}

MERINGUE

250 ml (1 tasse) de blanc d'œufs pasteurisés*, de type Eggology^{MD}

125 ml (½ tasse) de sucre

2,5 ml (½ c. à thé) d'extrait d'amande, de type Club House^{MD}

1. Préchauffer le four à 180 °C (350 °F).

2. Pour les couches de biscuits, pétrir la moitié de la pâte à biscuits avec 60 ml (¼ tasse) de la farine dans un bol, jusqu'à ce que la farine soit incorporée. Sur une surface légèrement enfarinée, abaisser la pâte à 0,6 cm (¼ po). En utilisant le fond d'un moule à charnière de 23 cm (9 po) comme guide, découper un grand biscuit. Répéter avec le reste de la pâte et les 60 ml (¼ tasse) restants de farine. Envelopper les 2 grands biscuits de pellicule plastique; les mettre au congélateur 15 minutes. Retirer du congélateur, mettre sur des plaques à pâtisserie. Faire cuire de 15 à 18 minutes, ou jusqu'à ce qu'ils soient dorés, en retournant les plaques à la mi-cuisson.

3. Pour le pouding, combiner la préparation pour pouding et le lait dans un grand bol; battre pendant 2 minutes à l'aide d'un fouet en métal. Refroidir au réfrigérateur environ 5 minutes. ou jusqu'à ce que le mélange épaississe. Plier pour incorporer la banane tranchée. Couvrir de pellicule plastique; réfrigérer jusqu'au moment d'assembler le dessert.

4. Pour assembler, mettre 1 des biscuits dans un moule à charnière de 23 cm (9 po). Étendre la crème glacée ramollie sur le biscuit dans le moule; déposer le deuxième biscuit par-dessus. Étaler le pouding aux bananes sur le biscuit en le lissant; parsemer des amandes effilées rôties. Recouvrir de pellicule plastique et ensuite de papier d'aluminium. Congeler au moins 8 heures, de préférence jusqu'au lendemain.

5. Au moment de servir, préchauffer le gril du four à 260 °C (500 °F). Pour la meringue, battre les blancs d'œufs pasteurisés dans un grand bol à mélanger, à l'aide un batteur électrique à vitesse moyenne, jusqu'à la formation de pics mous. Incorporer le sucre et l'extrait d'amande, et battre jusqu'à la formation de pics fermes. Prendre soin de ne pas trop battre. Retirer le dessert du congélateur. Retirer le moule à charnière en mouillant d'abord une serviette de cuisine d'eau chaude. Envelopper la serviette autour du moule afin de dégager le dessert. Retirer le dessert du moule et placer sur un plateau allant au four. Couvrir le dessus et les côtés de la meringue. Placer sous le gril de 2 à 3 minutes, ou jusqu'à ce que la meringue ait des pics dorés. Surveiller attentivement, car la meringue peut brûler rapidement. Servir immédiatement.

*Remarque : L'utilisation de blancs d'œufs pasteurisés au lieu de blancs d'œufs frais élimine le risque de contamination à la salmonelle.

Index